Romance Espírita

LA CASA DE LOS ESPÍRITUS SUFRIDORES

JOSÉ CARLOS LEAL

Traducción al Español:
J.Thomas Saldias, MSc.
Trujillo, Perú, Diciembre, 2023

Título Original en Portugués:
"Casa Dos Espíritos Sofredores"
© José Carlos Leal, Primavera 2010
Traducido al Español de la 1ra edición Portuguesa

World Spiritist Institute
Houston, Texas, USA
E-mail: contact@worldspiritistinstitute.org

Del Traductor

Jesús Thomas Saldias, MSc, nació en Trujillo, Perú.

Desde los años 80s conoció la doctrina espírita gracias a su estadía en Brasil donde tuvo oportunidad de interactuar a través de médiums con el Dr. Napoleón Rodriguez Laureano, quien se convirtió en su mentor y guía espiritual.

Posteriormente se mudó al Estado de Texas, en los Estados Unidos y se graduó en la carrera de Zootecnia en la Universidad de Texas A&M. Obtuvo también su Maestría en Ciencias de Fauna Silvestre siguiendo sus estudios de Doctorado en la misma universidad.

Terminada su carrera académica, estableció la empresa *Global Specialized Consultants LLC* a través de la cual promovió el Uso Sostenible de Recursos Naturales a través de Latino América y luego fue partícipe de la formación del **World Spiritist Institute**, registrado en el Estado de Texas como una ONG sin fines de lucro con la finalidad de promover la divulgación de la doctrina espírita.

Actualmente se encuentra trabajando desde Perú en la traducción de libros de varios médiums y espíritus del portugués al español, habiendo traducido más de 280 títulos, así como conduciendo el programa "La Hora de los Espíritus."

Índice

Palabras iniciales 6
CAPÍTULO I La casa en Jacarepaguá 7
CAPÍTULO II Doña Eulália 14
CAPÍTULO III Doña Eulália tenía razón 21
CAPÍTULO IV La visita del tío Abílio 37
CAPÍTULO V La primera sesión 44
CAPÍTULO VI Ramiro vuelve a comunicarse 49
CAPÍTULO VII Siñá Moça 53
CAPÍTULO VIII Mi tío nos habla de la reencarnación. 65
CAPÍTULO IX Una conversación muy interesante. 76
CAPÍTULO X Un actor perdido en el tiempo 84
CAPÍTULO XI El diablo y el Espiritismo 90
CAPÍTULO XII Caen las últimas restricciones ....
        de mi padre respecto al Espiritismo 105
CAPÍTULO XIII El relato de la Hermana Letícia: ....
        Todo empezó en Capela 109
CAPÍTULO XIV Finalmente Hasterius se manifiesta 133

"Que todos los espíritus sufrientes comprendan esta verdad, en lugar de rebelarse contra el dolor y el sufrimiento moral que les corresponde aquí en la Tierra. Utilizad, pues, como lema, estas dos palabras: devoción y altruismo, y seréis fuertes, porque ellos resumen todos los deberes que os imponen la caridad y la humildad."

El Espíritu de la Verdad.

El Evangelio según el Espiritismo - Capítulo VI. Allan Kardec

Palabras iniciales

Mi nombre es Álvaro Fonseca Teles y la historia que voy a contar nos pasó a mí y a mi familia. Aunque ha pasado mucho tiempo, todavía lo recuerdo con gran detalle. Decidí escribirlo, en forma novelizada, después de convertirme en militante espírita porque creo que todo lo que pueda reforzar las ideas espíritas debe ser publicitado.

A petición de mi familia se cambiaron los nombres de los personajes, aunque los hechos siguen siendo los mismos sin el más mínimo cambio. Espero sinceramente que nuestro lector pueda beneficiarse, de alguna manera, de la lectura de estas páginas.

CAPÍTULO I
La casa en Jacarepaguá

Aquella noche de sábado de mayo de 1999, nuestro padre estaba muy feliz. Habíamos terminado de cenar y nos quedamos en la mesa conversando, como era costumbre en casa. Mi padre siempre nos decía que durante las comidas es el momento ideal para que la familia se reúna y hablemos de cosas cotidianas, cosas que a primera vista parecen banalidades, lugares comunes y hechos sin importancia; sin embargo, cuando reflexionamos sobre ellos descubrimos cuánto puede ser importante. Fue de mi padre que aprendí que no existe tal cosa como "jugar a conversar", porque todo diálogo, por simple que parezca, tiene su valor. Esa noche, nos dio una sorpresa que rápidamente nos fue revelada:

- Chicos, hoy es un día muy especial para nuestra familia.

- ¿Qué tiene de especial, Augusto? - Preguntó mi madre.

- Cálmate, cálmate, te lo diré - Dijo mi padre con una sonrisa en el rostro como si fuera un jugador con una carta de triunfo bajo la manga.

- Papá, habla rápido. Me muero de curiosidad -. Preguntó Cristina, mi hermana menor -. Esperen un momento chicos, hay tiempo para todo lo que hay bajo el sol.

- Sí, lo sé y hay tiempo para decir lo que hay que decir, señor Augusto - dijo Ana Júlia, mi otra hermana.

- Está bien. Solo quería citar a Eclesiastés.

- Pero papá, tú no eres religioso - observó Ana Júlia.

- No. No lo soy, pero eso no me impide apreciar un libro que contiene una gran sabiduría como Eclesiastés.

- Señor Augusto, no se me salga del tema. Basta ya de suspenso.

- Dime cuál es la sorpresa. Espero que tu revelación justifique todo esto - dijo mi madre fingiendo estar enojada.

- Está bien, doña Rosa. Voy a decirlo. Sabes que todos tenemos un sueño, un sueño muy antiguo...

- ¿El sueño de nuestra familia? - Preguntó Cristina.

- Sí. El sueño de nuestra familia - confirmó mi padre.

- ¡Entonces sé lo que es! ¡Es la nueva casa! - Exclamó Júlia alzando la voz.

- Tienes razón hija, así es - concluyó mi padre, acariciando el cabello de mi hermana.

Cuando mi padre hizo esa declaración, pude ver un brillo singular en los ojos de todos y en sus francas sonrisas el fin de la expectativa que nos dominaba.

Mi madre, que estaba disfrutando de un trozo de mango Palmer, que había colocado en el plato, aun sucio de comida, fue quien habló.

- Augusto, tómalo con calma. Ya sabes que todos soñamos con mudarnos de este apartamento a una casa más grande con un jardín en la parte delantera y un huerto en la parte trasera. Ahora vienes y nos cuentas que este sueño se ha hecho realidad.

- ¿Hablas en serio?

- Claro que sí, María Rosa. Comprar una casa nueva también fue un sueño para mí durante mucho tiempo. Me molestó que te quejaras del poco espacio que había en este apartamento. Poco a poco las cosas mejoraron para mí. Amplié un poco el taller, compré máquinas nuevas, firmé acuerdos con algunas compañías de seguros de automóviles. De repente me di cuenta que podía ahorrar algo de dinero, ahorrar y hacer algunas otras inversiones, no pasó mucho tiempo, surgió una gran oportunidad y no lo dudé.

- Lo realmente complicado fue hacer todo esto sin que tú lo supieras.

- Quería que fuera una sorpresa como lo es ahora.

- Mira, realmente lograste sorprendernos.

- Confieso que pensé que viviría hasta mis últimos días aquí, en este departamento - comentó mi madre.

- Creo que todos están felices, ¿o no?

- Vaya, papá, ni te imaginas cuánto - dijo Cristina.

- Listo. Ésta es la sorpresa - dijo mi padre con un suspiro de alivio. Ana Júlia, muy curiosa, preguntó:

- Papá, me gustaría que nos dijeras dónde está la casa y cómo es.

- Está en Jacarepaguá, pero aun no he cerrado el trato.

- ¿Cómo te enteraste de la casa?

- Tengo un cliente que es agente inmobiliario. Últimamente le pedía que me avisara si surgía una propiedad grande y no muy cara.

- No pasó mucho tiempo, vino con un foto de una casa y me dijo:

- Señor Augusto, aquí está su casa.

- ¿Mi casa? Pregunté sin entender realmente lo que estaba pasando.

- La casa que pediste. Me tomó un tiempo, pero la encontré.

- ¡Bien papá!

- Negocios ocasionales.

- Pero por lo que puedo ver aquí en la foto, debe ser mucho más de lo que tengo disponible.

- ¡No es así! Esta casa pertenece a un muchacho inglés llamado John Lesler que vive en Londres y vino aquí solo para deshacerse de la casa que su abuelo le dejó en herencia. Me dijo que esta casa se ha convertido en una molestia en su vida por los impuestos y otros gastos que tiene una casa como esta.

- Estaba tan molesto que pidió un precio más bajo para deshacerse de ella.

- ¿Cuánto cuesta? - Pregunté interesado.

- 80.000 más impuestos - respondió.

- ¿Cuánto debe en impuestos? - Pregunté de nuevo.

- No es mucho. Ya hice los cálculos por ti. Con 92.000 está todo resuelto.

- No fue tan barato como imaginaba, pero el corredor me llevó a la propiedad y pensé que no era caro. No cerré el trato porque quiero que veas la casa primero.

Mi padre guardó silencio como si quisiera evaluar el efecto de sus palabras en cada una de nosotras. Cristina, muy contenta, preguntó:

- ¿Cuándo vamos a ver la casa, papá?

- Mañana temprano.

- ¿Mañana? ¡Qué bueno! - Exclamó mi hermana.

- Mañana a las diez estará la inmobiliaria para mostrártelo.

- En cierto modo, para mí también porque cuando fui a verla se le había olvidado las llaves y solo la vi desde afuera. ¿Qué piensan ustedes? ¿Vamos a ver la casa mañana?

- ¿Aun preguntas, papá? Por supuesto que lo haremos, ¿verdad mamá? – Dijo Ana.

Júlia como si quisiera buscar el apoyo de nuestra madre.

- Sí. Yo también me muero por ver la casa - dijo nuestra madre.

Al día siguiente, nos levantamos temprano, tomamos un buen café y salimos de casa en la casa de la familia Santana. En aquella época vivíamos en Marechal Hermes, cerca de la Escuela Evangelina donde estudiábamos mis hermanas y yo. Nos dirigimos a la izquierda como dirigiéndonos al antiguo Campo de los Alfonsos donde estaba ubicada la Escuela de Aeronáutica. No tardó mucho en pasar por Vila Valqueire y desembocar en Plaza Seca. Yo, que no estaba menos ansiosa que mis hermanas, pregunté a mi padre:

- ¿Dónde está otra vez, papá?

- En un barrio llamado Freguesía.

- ¿Aun lejos?

- Un poquito.

Continuamos nuestra caminata, pasando por Mato - Alto, justo antes del Hospital - Colonia Curupaiti, exclusivo para leprosos, y, unos veinte minutos después, llegamos a la Parroquia. Seguimos una calle larga hasta que nuestro coche giró a la derecha y entramos en una calle descalza con eucaliptos plantados a un lado y al otro. Unos caballos flacos pastaban en un campo vacío. El lugar era hermoso, al menos para mi gusto.

- Chicas, esta es la calle - dijo mi padre frenando mucho el auto y mirando de un lado a otro como tratando de localizar algo.

No tardamos mucho y paramos en una casa que tenía un Gol blanco delante. Mi padre nos dijo:

- Esta es la casa y Gol es del corredor.

Entonces papá estacionó el auto y todos salimos. Vimos una casa de aspecto antiguo, con una apariencia arquitectónica que recordaba un poco a las cabañas de la época victoriana. Era la única casa en la calle que se parecía así.

El corredor se acercó a nosotros y saludó calurosamente a mi padre.

- Esa debe ser la familia. ¿Estoy seguro? - Preguntó el hombre, aflojándose la corbata.

- Sí. Ésta es mi gente: mi mujer y mis hijas - dijo mi padre, estrechando la mano que le había tendido el corredor.

El hombre, que parecía un poco ansioso por vender la propiedad, nos invitó a pasar. Delante del porche había un jardín inglés, pero no muy grande.

Fue un descuido, ya que la hierba había crecido y competía por el espacio con unos rosales y una dalia junto a la pared. El corredor llegó cerca de la puerta de la casa, metió la llave en la cerradura e hizo un enérgico movimiento de izquierda a derecha. La puerta se abrió, arrojándonos una ráfaga de aire caliente y olor a cosas viejas a la cara.

- Parece que ha pasado mucho tiempo desde que alguien vino aquí - observó mi madre.

- Es verdad, mi señora. Esta propiedad ha estado vacía durante mucho tiempo.

Quise preguntar por qué la casa no había sido alquilada o vendida durante tanto tiempo, pero permanecí en silencio por temor a causar alguna vergüenza al hombre o perturbar la alegría de mi familia. El agente inmobiliario, siempre muy conversador, nos llevó a cada habitación de la casa. Mientras examinábamos la propiedad, siguió hablando:

- Esta casa tiene cinco dormitorios, tres en el primer piso y dos en el segundo, dos salas, dos comedores y este jardín de invierno.

Tienes tres hijas, puedes darles a todas una habitación y aun te queda una para hacer un espacio para libros o incluso una oficina.

- Es verdad - dijo mi padre, satisfecho con lo que había oído.

Después que el hombre nos mostró la casa, nuestro padre nos preguntó:

- ¿Qué pensaron? ¿Nos quedamos con la casa?

- ¡Claro! - Dijimos todas casi al mismo tiempo.

- Como puedes ver, la venta está cerrada. Le dije que mi familia tendría la última palabra y así fue - dijo mi padre con convicción.

El corredor, que parecía querer aumentar aun más el valor de la propiedad para el comprador, dijo:

- Sr. Augusto, está haciendo una hermosa compra a muy buen precio. ¿Ves esa casa de ahí? Está a la venta el pintado de gris y su precio, comparado con este, es muy elevado.

- ¿No será porque nuestra casa ya es muy antigua? - Preguntó Ana Julia.

- Es una buena observación señorita, pero si tomamos en cuenta la antigüedad de su casa, debería ser mucho más cara - dijo el vendedor muy serio.

- Pensé que era todo lo contrario, comentó mi hermana.

- Esta casa, señorita, fue construida en 1928 por Sir Paul Livingstone Leister, quien fue agregado cultural de Inglaterra en Río de Janeiro. En aquella época las construcciones eran mucho más sólidas y el material utilizado era de excelente calidad.

- Por ejemplo, todo el mármol que se utilizó vino de Italia, creo que de Carrara si no me equivoco.

- Déjalo, Moreira, mi hija es así. Se parecía a su abuela materna - dijo mi padre, sonriendo y mirando a mi madre como si estuviera esperando una respuesta que no llegó.

- Créame - insistió el corredor, usted hizo un trato en China.

- Yo lo creo, Moreira - dijo papá.

- Espero que estés muy feliz aquí. ¡Oh! Sin querer entrometerme, pero ya entrometiéndome. Creo que has notado lo descuidado que está el jardín y cómo ha crecido la maleza en la parte trasera del patio. Si quieres te puedo dar la dirección de Joaquim, él puede encargarse de esto por ti. Es bueno en estas cosas y es una persona completamente confiable. Si lo deseas, puedo hablar con él yo mismo para hacer una buena limpieza por aquí.

- Sí, por supuesto que sí – dijo mi madre -. Pero no necesitas preocuparte por eso. Si usted nos da una manera de contactarlo, nosotros mismos solucionaremos el problema.

- Está bien. Aquí está su número de teléfono.

- Muchas gracias Moreira. Realmente necesitaremos a alguien así.

CAPÍTULO II
Doña Eulália

No nos mudamos inmediatamente de nuestro apartamento en Marechal Hermes porque la casa la compramos en septiembre, cuando faltaban unos tres meses para que terminara el año escolar. Por lo tanto, mis padres decidieron que dejarían terminar el año escolar antes de hacer el cambio. En ese momento, Ana Júlia y yo estábamos en la primaria y Cristina en la secundaria. Mientras no nos mudábamos, papá contrató a Joaquim para limpiar el terreno y darle una nueva forma al jardín.

Papá también hizo abrir la luz y el agua, pintó la casa y reparó la pared que tenía algunos desperfectos. Finalmente se decidió que nos mudaríamos en enero.

De hecho, fue así. Esperamos hasta finales de 1999 y celebramos la cena de Navidad y Año Nuevo en nuestra antigua residencia. Entonces, el 5 de enero de 2000, abandonábamos nuestro antiguo apartamento y nos dirigíamos hacia la nueva casa. Cuando llegamos, casi no la reconocí.

Estaba pintad de color marrón claro. El jardín, muy limpio, tenía un aspecto diferente. Ahora pudimos ver algunas flores que fueron liberadas del arbusto por obra del Sr. Joaquim.

Mamá fue la que más se emocionó con ese cambio. Su sueño finalmente se había hecho realidad.

El camión que había traído nuestra mudanza empezó a ser descargado.

Papá abrió el garaje de inmediato. Me quedé en el portón mirando la casa con la extraña sensación de alguien contemplando algo nuevo, pero sin sentirse muy seguro de ello. Un pájaro negro, posado sobre una acacia en el campo vecino, gorjeaba como si fuera un lamento. Solo yo noté ese pío que, para mí, sonó a la vez como una bienvenida y una advertencia. Mi padre, que había empacado el auto y sacado el equipaje del maletero, abrazó a mi madre y le dijo:

- Ahora tenemos algo digno de la familia Fonseca Teles.

- Gracias a Dios, Augusto, gracias a Dios.

- Entonces, ¿estás feliz? - Preguntó mi padre, aunque sabía la respuesta.

- ¡Qué pregunta, Augusto! No podría ser mejor. No todos los días se hace realidad un sueño que has acariciado durante tantos años.

Tan pronto como los encargados de la mudanza pusieron todos los muebles de la casa bajo el mando de mi madre y mis hermanas, estalló una disputa sobre quién se quedaría con las habitaciones de arriba. Decidimos que lo más democrático sería echar a suertes, así lo hicimos, y Cristina y yo nos quedamos con las habitaciones de arriba. Ana Júlia no se quejó y nos dijo que prefería la habitación de abajo, porque era mucho más grande que las de arriba y necesitaba espacio. No sabía si estaba siendo sincera cuando dijo eso o si era solo una excusa de perdedor. Sea lo que fuere, lo cierto es que no nos arrepentimos de las habitaciones.

Pasó el mes de febrero y llegó marzo. Pudimos trasladarnos a escuelas cercanas sin mayores dificultades. Nuestra vida empezó a fluir suavemente como las tranquilas aguas de un arroyo en una tarde de primavera.

Mamá, con la ayuda del señor Joaquim, había reconstruido el jardín y empezaba a pensar en el huerto que habría en el patio trasero. Mi padre; sin embargo, no estaba de acuerdo con el jardín porque pensaba que era demasiado para que mi madre lo cuidara. En su opinión, debería elegir entre la huerta y el jardín. Mi madre, como era su costumbre, guardó silencio. Este silencio; sin embargo, no significaba que hubiera renunciado al jardín, sino que esperaría un momento más para volver al tema.

Un viernes, mi madre estaba en el jardín cuando la vecina de al lado, que regresaba del mercado arrastrando un carrito de compras, al pasar por el portón, al ver a mi madre, inició una conversación:

- ¡Buenos días, vecina! ¿Te gusta tu nueva casa?

- Mucho. Mi sueño era una casa como ésta. Vivíamos en un apartamento de dos habitaciones en Marechal Hermes.

- Conozco Marechal Hermes. Está cerca de Bento Ribeiro, ¿no?

- Sí. Está entre Bento Ribeiro y Deodoro.

- Tengo una hermana que todavía vive allí, en Rua Jarina 263. Aquí es un poco más tranquilo, aunque los lugares realmente tranquilos se están volviendo raros en Río de Janeiro.

- En Brasil, diría - reflexionó mi madre.

- Así es, la violencia se está apoderando de este país. Lo siento por no presentarme. Mi nombre es Eulalia. Soy maestra de escuela primaria jubilada.

Son 25 años aguantando un montón de pestes que me dejaron canas. Hacia el final, dejé el aula y me convertí en director de escuela, pero las cosas no mejoraron mucho. Mucha política, ¿sabes? He visto a tus muchachas, son muy bonitas. Tengo dos hijos, pero están casados y ya me han dado nietos.

No es por alardear, pero son unos nietos maravillosos: una niña y un niño.

La niña es una cosa rara. ¡Inteligente que acabo de ver! El niño no se queda atrás, pero Taisiña es especial. Aun la conocerás.

Ante ese aluvión de palabras y las evidentes señales que la mujer no quería terminar la conversación de inmediato, mi madre decidió presentarse:

- Mi nombre es María Rosa. Soy ama de llaves. Les enseñé a las niñas de mi barrio los conceptos básicos de corte y costura, esto lo hice para ayudar a mi esposo con los gastos.

- Entonces, eres costurera.

- Sí, y me gusta mucho coser.

- Eso es muy bueno. No hay costureras aquí en este barrio. Hoy en día, con los centros comerciales y las boutiques, la gente prefiere la ropa confeccionada, pero, para mí, las costureras y los sastres todavía tienen su valor. De vez en cuando necesito hacer algunos cambios en mi ropa y no encuentro dónde. ¿Puedo contar contigo?

- Pienso que sí. Eso si no eres demasiado exigente.

- No. Soy una persona sencilla.

- Entonces, en este caso...

- ¿Puedo preguntarte algo, María Rosa? Te llamaré así y tú puedes llamarme Eulália, ¿está bien?

- Bien. Pero me dijiste que te gustaría hacerme una pregunta...

- Puedes preguntar.

- Rosa, no me tomes por una de esas personas "entronizadas" a las que les encanta meterse en la vida de los demás, porque si hay algo que considero sagrado es la vida de los demás.

- No tengo por costumbre juzgar a la gente, Eulália. Ya te lo dije, puedes preguntar.

- Está bien Rosa, te voy a preguntar: ¿está todo bien en tu casa?

- Todo está bien, al menos hasta ahora. ¿Por qué esta pregunta?

- Voy a ser muy franca. ¿Puedo?

- Claro que puedes.

- Tu marido no hizo un buen negocio comprando esta casa.

- ¿No lo hizo?

- No. No lo hizo.

- ¿Por qué dices eso, Eulalia?

- ¡Eh! ¿No lo sabes?

- ¿No sabemos de qué?

- Rosa, esta casa donde vives está encantada.

- ¡Embrujada! ¿Qué es esta historia, Eulália?

- Eso mismo. El último residente, un pastor evangélico, se escapó con su familia y nunca regresó. Y mira, era un hombre bueno y temeroso de Dios.

- No dejaría la Biblia; Sin embargo, no podía soportar las cosas que estaban pasando allí.

- Hace unos cinco años que nadie vive en esta casa.

- ¿Hablas en serio, Eulalia?

- ¿Crees que bromearía con algo así? Tengo mucho respeto por las cosas que están más allá de mi comprensión.

- ¿Qué tipo de embrujo tiene esta casa? - Mi madre quería saber, muy interesada.

- Lo que sé me lo contó doña Débora, la esposa del pastor, en las primeras semanas que estuvieron allí empezaron a escuchar pasos arriba. Por la noche se podía oír a la gente hablando en voz alta en las habitaciones hasta el punto que la familia no podía dormir. Su hija menor vio a un anciano jorobado en el jardín. Ella, pensando que era una persona viva, fue a hablar con él, pero el anciano desapareció justo en frente de ella y la niña se desmayó del susto.

- Luego el Pastor llamó a algunos de sus amigos de la iglesia y realizó una reunión en la casa y el primer día se rompieron todas las bombillas, dejando a todos en oscuridad. Entonces empezaron a aparecer cabezas humanas y manos luminosas flotando de un lado a otro. Fue demasiado para el hombre y dos días después hizo las maletas y se fue.

- Y tú, Eulália, ¿has visto algo aquí en casa?

- No lo vi y no quiero verlo. Tengo miedo de alma del otro mundo, pero una amiga mía, llamada Dalva, la vio.

-¿Qué vio ella?

- Esta amiga es médium. Por cierto, ¿sabes qué es un médium?

- Sí. Es una persona que recibe espíritus. ¿No es?

- Así es, pero déjame contarte lo que le pasó.

- El día que Dalva estuvo aquí en casa, ya era tarde para regresar a Irajá, donde vive. Entonces le ofrecí dormir aquí y aceptó.

- Por la noche, después de la telenovela de las ocho, cuando hacía mucho calor, nos sentamos en el balcón a conversar.

Todo iba bien hasta que me preguntó quiénes eran nuestros vecinos de la derecha. No entendí nada, porque la casa de la derecha era en la que vives tú y hacía mucho tiempo que no tenía residentes.

Entonces le dije que debía haber un error porque en la casa de la derecha no vivía nadie. Señaló tu casa y dijo que allí había una fiesta con gente vestida con ropa vieja, muy vieja. Le expliqué que no podía estar viendo esas cosas, ya que la casa de la derecha estaba vacía.

Se volvió hacia mí y, con la cara más tranquila del mundo, dijo:

- Entonces son espíritus. No sé cómo no me di cuenta antes.

- Rosa, se me puso la piel de gallina desde el dedo del pie hasta el pelo de la cabeza y le pregunté si podíamos pasar. Por eso, Rosa, te pregunté si en tu casa pasaba algo.

- Te digo que no nos está pasando nada.

- Me quedo feliz. Mira, Rosa, lo siento. No quería asustarte, incluso pensé que ya sabías algo sobre la casa.

- Está bien, Eulália, pero ahora lo sientes, necesito entrar.

- Ya casi es hora que mis hijos regresen de la escuela.

- Todo bien. También tengo que guardar estas frutas y verduras.

- Mire, la feria aquí está muy cerca y es muy buena. Cuando quieras ir allí...

- Muchas gracias, Eulália. Hasta luego.

- Hasta luego.

Esa misma noche, mi madre le mencionó a mi padre la conversación que había tenido con nuestra vecina. Mi padre era escéptico y prefería creer que todo eso eran palabrerías de doña. Eulália.

- Los fantasmas no existen – decía -, salvo para las almas mediocres, para las personas supersticiosas e ignorantes.

Como dijo mi padre. Las personas racionales e inteligentes siempre buscan una explicación natural a los fenómenos que consideran extraños. Reforzó su punto de vista con un libro de un sacerdote llamado Oscar Quevedo, *La cara oculta de la mente que puso fin a todas estas supersticiones.*

Creo que debería explicar el comportamiento de mi padre aquí.

Cuando era joven, se afilió a un sindicato y allí tomó cursos de política. Leyó algunos textos de Marx y Engels, un poco de Lenin y muchas novelas de J. P. Sartre. Esta lectura le aseguró que era ateo y materialista dialéctico. Durante la dictadura en Brasil estuvo encarcelado, pero pronto fue liberado.

Cuento esta brevísima historia de mi padre para que se justifique el motivo de su escepticismo respecto a las convicciones de doña Eulália.

CAPÍTULO III
Doña Eulália tenía razón

Pasaron unos días sin que nos ocurriera nada destacable. Una noche; sin embargo, mientras estábamos viendo la televisión en el salón, Cristina apareció muy asustada.

- Cristina, ¿qué pasó? - Preguntó mi madre.

- No puedo dormir.

- ¿Por qué no puedes dormir, hija mía?

- Por el ruido.

- ¿De qué ruido estás hablando?

- Un ruido en el techo. Parece que hay gente caminando por el ático y tocando... tocando, tocando.

- Está bien, veamos qué es - dijo mi padre para tranquilizar a mi hermana. Todos subimos y fuimos directos a su habitación, la luz estaba encendida, tal como ella la había dejado y la habitación estaba vacía y en silencio. Mi padre le dijo a Cristina:

- Mira hija mía, aquí no hay nada y no se oye ningún ruido.

- Pero he escuchado un ruido muchas veces y es en el ático y no dentro de la habitación.

- La impresión que tuve fue que alguien caminaba por allí. Deben ser ratas o incluso una familia de zarigüeyas por aquí, hay muchos de estos animales. Hagamos lo siguiente: mañana temprano, antes de ir a trabajar, llamaré al señor Joaquim, le pediré que venga aquí y mire bien allá arriba. Vamos, acuéstate, quédate quieta y pronto te quedarás dormida.

- Está bien, papá. Voy a tratar de dormir.

- Sí, sí, le pediré a tu madre que se quede aquí contigo hasta que te duermas. ¿Bien?

- Está bien, papá.

Así se hizo, mamá se quedó en la habitación de mi hermana hasta que se quedó dormida.

Esa noche transcurrió tranquilamente sin que sucediera nada sobrenatural.

Al salir a trabajar, papá llamó al señor Joaquim y le pidió que volviera a casa y mirara bien el ático para ver si había nidos de ratas o algún otro animal. El hombre vino, buscó todo y no encontró nada que justificara el ruido que había escuchado mi hermana. En ese momento también subí al ático y, de hecho, allí no había nada excepto algunas herramientas antiguas y una Enciclopedia Británica en inglés, pero incompleta. Cuando mi padre descubrió que no había nada en el ático, simplemente dijo que Cristina había soñado con el ruido y confundió el sueño con la realidad. Los niños, al igual que los pueblos primitivos, tienden a confundir sus sueños con la realidad. Mi padre habló desde lo más alto de su sabiduría.

El segundo hecho preocupante ocurrió con mi hermana mayor. Ocurrió el jueves por la noche, alrededor de las diez de la noche.

Ana Júlia estaba estudiando en su habitación, ya que al día siguiente habría un examen mensual en su colegio. La casa estaba en silencio. Papá ya había llegado y se estaba duchando para cenar. Cristina se había quedado dormida en el dormitorio de arriba y yo estaba viendo la televisión en el salón. Entonces escuché un grito de terror proveniente de la habitación de Ana Júlia. Corrí hacia allí, abrí la puerta y vi a mi hermana sentada en la cama con los ojos desorbitados. Los libros y cuadernos estaban tirados en el suelo.

Poco después llegó mamá. Mi hermana parecía estar en shock. La llamé por su nombre y la sacudí por los hombros. Luego me abrazó llorando mucho y exclamando:

- ¡Fue horrible! ¡Fue horrible!

- ¿Qué fue horrible, Anita? - Yo le pregunté.

- ¡La mujer! ¡La mujer!

- ¿Qué mujer? - Pregunté.

- La que estuvo aquí.

- Aquí no entró nadie, Ana. Si alguien hubiera entrado, habría entrado por la puerta y yo la habría visto - intenté explicarle.

- Pero yo vi. Era una mujer alta con un vestido largo.

- Se acercó mucho a mí, pero cuando grité desapareció.

- Ana, mi hija, cálmate - dijo mamá, tratando de tranquilizar a Ana Júlia. En ese momento, mi padre entró en la habitación preguntando preocupado:

- ¿Qué está pasando, Rosa?

- Yo no sé. Nuestra hija gritó y vinimos aquí para ver qué había pasado, la encontré así, en este estado de nervios.

- ¿Y ella dijo qué pasó? - Preguntó mi padre.

- Dijo que vio a una mujer dentro de su habitación.

- ¡Qué cosa tan extraña! ¿Cómo entró una mujer a nuestra casa y no la viste?

- Ese es el problema, Augusto, porque aquí no entró nadie - respondió mi madre.

Mientras mi padre hablaba con mi madre, Ana Júlia empezó a recomponerse.

Mamá fue a la cocina y le preparó un té de melisa.

Ella bebió en sorbos medidos. Cuando pudo hablar, nos contó detalladamente lo sucedido. Dijo que estaba estudiando, se cansó y se reclinó un poco. Tenía los ojos cerrados, pero estaba completamente consciente cuando escuchó un ligero suspiro. Estaba íntimamente segura que no estaba sola.

Abrió los ojos y vio, de pie y mirándola, una mujer aun joven, alta, con el pelo largo, pero con una cara muy pálida como si no tuviera una gota de sangre en su cuerpo. En el momento en que gritó, la dama desapareció misteriosamente. Mi padre intentó racionalizar la opinión de mi hermana:

- Hija, ¿estabas realmente despierta?

- Estaba. Estoy segura - respondió mi hermana enfáticamente.

- Puedes estar equivocada, hija. Podría haber sido una pesadilla - argumentó mi padre.

- Podría ser, pero estoy seguro que no lo fue.

Luego que Ana Júlia contara su experiencia, se calmó, pero no quiso dormir en su habitación bajo ningún concepto. Esa noche durmió en el sofá de la sala.

Al día siguiente, a la hora del desayuno, mamá sacó a relucir el tema de la noche anterior y nos contó la conversación que había tenido con doña Eulália. Cuando terminó de hablar, Ana Júlia tomó la palabra:

- Papá, ya no quiero quedarme en esta casa. Tengo miedo.

- Tranquila, Anita, no hay por qué tomar medidas precipitadas y radicales.

- Nos costó mucho conseguir esta casa, disfrutamos mucho de nuestro nuevo hogar.

- No tiene sentido salir corriendo de aquí ante la primera dificultad.

- Hija, los obstáculos suceden que se superan.

- Lo sé, papá, pero esta casa está encantada. Sabes muy bien lo que doña Eulália le dijo a mamá.

- Hija, estas son historias. Cuentos fantásticos como esas películas que la televisión muestra para conquistar a un público amante de las narrativas de terror.

- ¿Y la mujer que vi?

- La mujer que imaginas haber visto. Dale un respiro hija, no nos dejemos influenciar por estas cosas.

- Papá, no quiero volver a ver a esa horrible mujer.

Mi padre se levantó de la mesa, besó la cabeza de mi hermana y le dijo afectuosamente:

- Niña, si no quieres verla más, no lo harás. No conoces el poder de nuestra imaginación. El miedo produce fantasmas donde no existen.

Sé valiente, olvídala y verás que estas cosas pasan.

Te voy a contar un caso que ejemplificará lo que digo.

Allí en Marechal Hermes, cerca de la Rua Sirici, hay un edificio antiguo que, por su forma, se llama palacio. Dicen que fue el Marechal Hermes quien lo envió rampa arriba. ¿Has oído hablar de él?

- No solo lo he oído, lo he visto. Está muy alto, ¿no?

- Eso mismo. La gente de allí decía que la mansión estaba encantada, así que por la noche, aunque se podía tomar un atajo para llegar a la estación de tren, la gente lo evitaba y tomaba una ruta más larga, pero menos aterradora.

- En aquella época yo vivía en la Rua Igaratá y solía atajar la mansión para coger el tren. Un día, un amigo mío y vecino, llamado Almir, vino de la estación por la noche y tomó el atajo hasta la mansión. Era una noche de luna llena y él no era el más valiente. Cuando llegó justo frente al Palacio, vio una enorme figura blanca que avanzaba hacia él, el pobre echó a correr imprudentemente, deteniéndose solo en el portón de su casa donde estaba Aderaldo, su tío, un tipo que no tenía miedo de nada. Almir le contó lo sucedido y el hombre fue allí a ver al fantasma. Llamó a su sobrino, pero no había fuerza en este mundo que pudiera convencerlo de regresar a la mansión.

Aderaldo decidió ir solo y al llegar al lugar donde se veía el fantasma, vio unos trapos blancos en el suelo. Los examinó y se dio cuenta que eran sábanas. Un poco más adelante había un caballo. Juntando las cosas, descubrió que el caballo, liberado por la noche, pasó por un tendedero de la casa de al lado donde alguien había olvidado unas sábanas durante la noche.

Cuando el animal pasó por debajo del tendedero, se enroscó en ellos y, asustado, salió corriendo, exactamente en el momento en que pasaba Almir. Ese era el fantasma que mi amigo había visto.

Por supuesto que no creyó la explicación de Aderaldo, prefirió mantenerla fantástica, que era algo mucho más interesante de contar que hablar del miedo que sentía por un caballo cubierto de sábanas.

¿Lo entiendes, hija mía? El miedo hace lo suyo. Me prometerás que no volverás a pensar en ello, o que al menos lo intentarás.

- Está bien, papá, lo prometo.

Ese día transcurrió con normalidad. Mi madre quería contarle a doña Eulália lo que nos había pasado; sin embargo, desistió porque no le gustaba mucho la locuacidad de su vecina. Mi madre era una persona muy discreta, hablaba poco y no le gustaba exponer nuestra vida a los demás.

Quizás por eso tenía muy pocos amigos. En la tarde de ese día, al regresar del colegio, Cristina le preguntó a su mamá:

- Mamá, ¿sabes lo que pasó?

- ¿Cómo lo sabré si no me lo dijiste? - Dijo mi madre sonriendo.

- Mi muñeca - dijo Cristina.

- ¿Qué pasó con tu muñeca? - Mi madre quería saber.

- Ella desapareció. Siempre la ponía al lado de mi osito de peluche, en el suelo, al lado de la cama, pero esta mañana l busqué y no estaba en su lugar habitual.

- La buscaste bien.

- No muy bien porque ya era hora de ir a la escuela.

- Entonces ve a tu habitación y mira con más atención.

Cristina siguió la sugerencia de nuestra madre y me pidió que la ayudara a buscar la muñeca perdida. Subimos las escaleras, fuimos a su habitación y comenzamos a investigar.

- Cristina, ¿dónde dijiste que pusiste la muñeca? - Pregunté.

- Aquí junto a la cama, en esta caja de cartón donde guardo mi osito de peluche.

- Puedo ver la caja, pero dentro solo está el osito de peluche.

- Por supuesto que la muñeca no está en la caja. No dije que ella desapareciera.

- No miraste debajo de la cama, ¿verdad?

- Claro que no. Voy a buscar mi muñeca en un lugar donde no la puse.

- Entonces miraré.

-Es tu problema.

- No te enojes o no te ayudaré más.

- Perdón.

- Todo bien. También echaré un vistazo al armario.

Miré debajo de la cama, busqué cajón por cajón en el armario y no encontré nada sobre la muñeca.

Ella realmente había desaparecido. Cuando mi hermana se dio por vencida, suspiró y pareció aceptarlo. Este incidente ocurrió un martes.

El jueves Cristina corrió a la cocina y le dijo a mi mamá:

- Mamá, encontré mi muñeca.

- ¿En serio? ¿Dónde estaba?

- No tienes idea.

- Realmente no puedo imaginarlo. ¿Dónde estaba?

- En el jardín. Detrás de la válvula de agua. Está toda mojada y sucia.

- Pero, ¿cómo llegó allí esa muñeca?

- No sé.

- Hija, ¿no fuiste a jugar con ella al jardín y la olvidaste allí?

- No, mamá, estoy segura que no hice eso.

Dos días después del caso de la muñeca, estábamos durmiendo cuando escuchamos a un gato maullar fuertemente. Estábamos preocupados porque no teníamos gato ni perro.

El maullido fue tan fuerte que mi padre se levantó para ver de dónde venía y siguió el maullido hasta llegar al baño. Papá abrió la puerta y allí, dentro de la bañera, todo mojado, estaba un gato negro.

Papá nos llamó y preguntó quién había atrapado ese gato y lo había escondido en el baño. Todos respondimos que nunca habíamos visto ese animal.

Mi padre dijo que quería saber cómo había entrado el animal al baño, ya que la única ventana que había estaba bien cerrada. El gato fue expulsado y ese misterio quedó tan sin respuesta como el caso de la muñeca de mi hermana.

La noche siguiente, después de cenar, papá nos reunió en la mesa y, adoptando un tono didáctico, nos dijo:

En esta casa están sucediendo sucesos extraños, pero decir que un hecho es extraño, esto no quiere decir que sea sobrenatural. Tendemos a llamar extraña a la gente por cosas para las que no tenemos explicación natural. Esto significa que se desconoce la causa del fenómeno, pero debe ser material.

- Esta causa siempre será material, padre - pregunté con interés.

- Sí. Eso, para mí, es pacífico.

- ¿Eso por qué? - Insistí con él.

- Sencillo, hija mía: lo sobrenatural no existe. Todo lo que existe es necesariamente natural.

- ¿No estás siendo demasiado radical, papá? Hay muchas cosas para las que todavía no existe una explicación natural - argumentó Ana Júlia.

- Lo dije bien hija, aun no hay explicación; sin embargo, llegará con el tiempo. Muchas cosas que en el pasado se consideraban milagros ahora son naturales. Chicas, quiero decirles algo. Todos nosotros, durante muchos años, soñamos con una casa como esta y ahora que la tenemos no podemos renunciar a ella fácilmente.

- Sí, Augusto, tienes razón – dijo nuestra madre hablando por todos nosotros -. Entonces, mantengámonos firmes aquí. No podemos ser expulsados de esta casa por ningún motivo.

Mamá tomó la mano de nuestro papá y le dio tres palmaditas como diciendo: "Cuenta conmigo, estoy contigo". Después nos habló en apoyo de nuestro padre:

- Creo que su padre tiene razón. Venzamos nuestros miedos, pongamos un freno a nuestra imaginación, y por una razón muy sencilla: no encontraremos una casa como ésta en ningún lado. Su padre invirtió todos sus ahorros en ello, así que no podremos comprar otra pronto.

Llenémonos de fortaleza y fe en Dios, pidiéndole protección para nuestra familia. Una vez escuché a alguien decir: "Yo solo no soy nada, pero con Dios soy la mayoría." Estamos con Dios y todo esto pasará, hijos míos.

Nos emocionamos y prometimos a nuestros padres que haríamos todo lo posible para evitar que nuestro miedo se convirtiera en pánico y que la vida en esa casa se volviera insoportable.

Confieso que la conversación que tuvimos con nuestros padres nos conmovió.

En cierto modo parece que nuestro cambio de actitud funcionó, pues durante unos días no tuvimos ningún problema, hasta que una conversación entre mi padre y mi madre, de la que supimos más tarde, aportó nueva información a nuestro problema. La conversación a la que me refiero fue la siguiente: un domingo por la tarde, mi padre llamó a mi madre para tener una conversación privada y le dijo:

- Rosa, necesito pedirte disculpas.

- ¡Lo siento! ¿Por qué Augusto?

- Déjame explicar. La semana pasada, cuando llegué aquí, vi a un hombre, con un traje blanco y un sombrero en la cabeza, parado en la puerta de nuestra casa, mirando hacia adentro.

- ¿Y quién era?

- No sé por qué en cuanto me vio salió corriendo. Recuerda ese día que te pregunté si habíamos recibido visita y dijiste que no.

- Sí, lo recuerdo.

- Esto pasó más de una vez. Entonces me pregunté: ¿quién era ese hombre?

- ¿Qué hacía afuera de mi casa? Fue entonces cuando sospeché que él estaba en la puerta de nuestra casa interesado en alguien que vive aquí.

- Espera un momento, Augusto, ¿estás pensando?...

- ¿Qué querías que pensara al ver, tres veces, a un hombre extraño vigilando nuestra casa?

- Augusto, no te reconozco.

- Pero es exactamente por eso que comencé esta conversación disculpándome.

- Basta, Augusto, sé claro. No aceptaré tus sospechas.

- Tranquila, Rosa, déjame explicarte. La tercera noche decidí que resolvería el misterio a cualquier precio. Un día de estos vine desde la calle de al lado para atrapar al tipo por detrás. Con cautela estacioné el auto, bajé lentamente y caminé de puntillas, evitando hacer ruido. Para mi sorpresa, ese día él estaba adentro, casi debajo de nuestra ventana. Estaba furioso; sin embargo, traté de mantener la calma. Me acerqué a él casi hasta el punto de tocarlo. Luego salté sobre él, pero él se escapó.

- ¿Huyó? ¿Cómo?

- Sin embargo, entró en nuestra casa sin cruzar la puerta.

- ¿A dónde fue?

- A través de la pared, dentro de la pared.

- ¡No puede ser, Augusto!

- No lo puedo negar. Sabes que no creo en estas cosas, pero esta vez no puedo ir en contra del testimonio de mis sentidos. Rosa, lo que vi no puede ser de este mundo.

- ¡Dios mío! Pero tú mismo dices que no existen fantasmas y que todo es producto de nuestra imaginación.

- Ya no estoy tan seguro. Esta vez me pasó a mí. Todavía tengo mucho miedo y no sé qué hacer.

- Augusto, he estado reflexionando mucho sobre todas estas cosas que nos han pasado. Yo... creo que necesitamos ayuda.

- ¿Ayuda de quién? Pensé en mi hermano Abílio. Como sabes, es espírita.

- Rosa, no me gustaría que nos metiéramos en esta historia sobre el Espiritismo.

- Esto es pura superstición. Superstición por superstición, prefiero llamar a un sacerdote para que bendiga la casa.

- No veo el Espiritismo de la misma manera que tú; sin embargo, respeto tu opinión. Si prefieres buscar ayuda de un sacerdote, está bien.

- Llegados a este punto, toda ayuda es bienvenida.

- No tomes lo que dije a mal. No tengo nada contra tu hermano.

Mi restricción es con respecto a su religión. Otra cosa, por ahora no vamos a hablar de esta conversación con nuestras hijas.

- Está bien.

El hecho que llevemos poco tiempo en el barrio nos dificulta acercarnos al sacerdote de la iglesia local. El problema se resolvió con la ayuda de doña Eulália que nos llevó a la iglesia para la misa del domingo siguiente y nos presentó al padre Eusébio quien, después del servicio religioso, nos recibió en la rectoría.

Fue mi padre quien expuso los hechos ocurridos en nuestra casa. Cuando terminó, el sacerdote dijo:

- Amigos míos, los casos que acaban de narrar no son raros en esta parroquia y en otras donde he trabajado. La mayoría de ellos; sin embargo, son producto de alucinaciones, imaginación elevada, fantasías inconscientes y cosas similares.

- Lo sé, padre Euzébio, pero ¿y si realmente hay algo sobrenatural en nuestra casa? - Mi madre quiso saber.

- Señora, hay espíritus que se manifiestan en diferentes lugares, pero son demonios.

- ¿Y qué podemos hacer, padre, si hay demonios en nuestra casa?

- ¿No es posible exorcizarlos? - Preguntó mi madre de nuevo.

- Sí. El exorcismo es muchas veces un intento de resolver estos casos.

- Entonces ¿sería posible realizar un exorcismo en nuestra casa? - Preguntó mi padre.

El cura se acomodó mejor en la silla, se quitó las gafas y limpió lentamente los cristales con la punta de su pañuelo. Con esa actitud me pareció que necesitaba ganar tiempo. Finalmente, respondió:

- Señor Augusto, la Iglesia es muy cautelosa en estos casos. No basta que una persona busque un sacerdote y le cuente historias sobrenaturales para que la Iglesia ordene un exorcismo. La Iglesia solo permite el ritual después de una investigación exhaustiva y escrupulosa de los hechos.

- ¿Debo entender que no podemos contar con su ayuda? - Preguntó mi padre.

- Eso no es todo, porque hay algo que puedo hacer, aunque no es un exorcismo.

- ¿Qué es entonces lo que puede hacer? - Preguntó mi madre.

- Si está de acuerdo, puedo ir a su casa, hacer algunas oraciones y bendecir el lugar. En muchos casos, el resultado ha sido bueno.

-¿Podría hacer eso? - Preguntó mi padre.

- Sí, siempre que estén de acuerdo.

- Por supuesto que estamos de acuerdo - dijo mi madre.

Esa misma semana, el padre Eusébio, por la tarde, vino a la casa llevando una Biblia y un poco de agua bendita en una pequeña botella. Dijo que iba a hacer un ritual y nos pidió que lo ayudáramos centrando nuestros pensamientos en Dios y en nosotros mismos, en los benditos santos. Cualquiera que supiera orar debería hacerlo porque sería de gran ayuda.

- ¿Por dónde deberíamos empezar a bendecir? - Preguntó el sacerdote.

- No lo sé, dijo mi padre, tal vez deberíamos empezar por el cuarto de nuestra hija Cristina donde ocurrió el primer fenómeno.

- Muy bien. Empecemos por ahí.

Subimos todos y entramos al cuarto de Cristina. El sacerdote dijo una oración en voz alta y comenzó a arrojar agua bendita en los rincones de la habitación. Una vez hecha esta parte, tomó la Biblia y comenzó a leer un pasaje del Evangelio según San Mateo: *"Cuando el espíritu inmundo sale del hombre, vaga por lugares secos, buscando descanso, pero no lo encuentra. Luego dice, volveré a mi casa de donde salí.*

Cuando llegas allí, lo encuentras desocupado, barrido y ordenado.

Ante esto, va y se lleva otros siete espíritus peores que él y vienen a vivir allí. Y con eso, la condición final de ese hombre se vuelve peor que antes.

Esto es lo que le sucederá a esta generación malvada."

Tan pronto como el sacerdote terminó de leer, un viento frío invadió la habitación, acompañado de un olor nauseabundo. El sacerdote nos pidió que siguiéramos orando sin perder la fe. Luego, como si existiera una fuerza invisible, arrojó al padre Euzébio contra la pared, la Biblia cayó al suelo y fue movida debajo de la cama, como si le hubieran dado una patada. Ana Júlia y Cristina, despavoridas, salieron corriendo de la habitación. En el suelo, en voz alta, el padre Euzébio exclamó: ¡Dios mío! ¿Qué es eso? En el mismo momento, una profunda voz masculina sonó en la habitación: "¡Fuera de aquí! Esta es mi casa." Después que la voz misteriosa dijo esas palabras, todo volvió a la normalidad. El padre Euzébio estaba nervioso.

Le temblaron las manos mientras tomaba la Biblia de donde estaba.

- Bajemos - dijo, y lo hicimos.

Abajo, el sacerdote, todavía bastante nervioso y abatido, nos habló:

- ¿Escucharon?

- ¿Qué escuchó, padre?

- Esa voz.

- Sí. La hemos oído. ¿Qué fue eso, padre? - Preguntó mi padre.

- Yo no sé.

- ¿Y qué vamos a hacer ahora? - Dijo mi madre con voz temblorosa.

- Mi señora, confieso que no soy experto en materia de exorcismos. Lo que hice en tu casa fue un simple ritual. No puedo explicar lo que pasó.

- Dígame, padre, ¿será esa voz la del diablo? - Preguntó mi madre.

- No estoy seguro, pero todo es posible.

- Padre, hay que hacer algo - insistió mamá.

- Bueno, creo que lo mejor sería pedir consejo al Señor Obispo.

- Él puede evaluar estas cosas mucho mejor que yo y si cree que se trata de un exorcismo, él mismo recomendará a un especialista.

- ¿Esto tomará un tiempo, padre? - Le pregunto a mi madre.

- Podría tomar un tiempo.

- ¿Cuánto tiempo? - Preguntó mi padre.

- No sé. Quizás unos meses.

- ¡Meses! No podemos esperar tanto - objetó nuestra madre.

- Estas cosas llevan tiempo, mi señora.

El sacerdote, que parecía sentirse incómodo en nuestra casa, se disculpó, se despidió de nosotros y prometió que volvería para contarnos el resultado de su conversación con el Obispo. Después que se fue, nos quedamos en la habitación, tensos y sin saber qué hacer.

Mi madre, que parecía la persona más interesada en solucionar el problema, se volvió hacia mi padre y le dijo:

- Augusto, hoy la cosa fue demasiado lejos. El sacerdote salió de aquí aterrorizado

- . Mamá, ya no quiero vivir aquí - dijo mi hermana menor con voz llorosa.

- Yo tampoco quiero quedarme más aquí - le repitió Ana Júlia a su hermana.

- Niñas, vamos a conseguir otra casa en el menor tiempo posible - dijo mi padre consolando a sus hijas.

Papá parecía desanimado. Tenía la cabeza gacha y los hombros caídos.

Durante muchos años se había esforzado mucho en conseguirnos una casa. De repente, lo que era un sueño se había convertido en una pesadilla.

Mi madre, al ver el estado de mi padre, le dijo:

- Augusto, cálmate. Debe haber una salida. Mir, antes de tomar medidas precipitadas, pidamos ayuda a mi hermano Abílio. ¿Qué piensas?

- No pienso en nada más. Todo lo que hagas estará bien hecho.

- Todo bien. Voy a llamarlo y pedirle que venga a nuestra casa el sábado.

- Según lo que diga, tomaremos una decisión. Confío en Abilio.

- Es profesor universitario, doctor en Letras, ha escrito algunos libros, da conferencias espíritas y no espíritas, entonces no es una persona cualquiera. Tiene más de veinte años de experiencia solo en Espiritismo.

Estuvimos de acuerdo con mamá, y también se acordó que dormiríamos en una habitación individual, la más grande de la casa, ya que ninguno de nosotros, después del caso del cura, tenía el valor de dormir solo.

CAPÍTULO IV
La visita del tío Abílio

Mi tío tenía una cita el sábado, creo que era una conferencia en un centro espírita de Nova Iguaçu, pero le prometió a mi madre que vendría el domingo por la mañana. Así, el día señalado, a las diez, él y tía Hortencia llegaron a la casa. Mis tíos no correspondían a la idea que yo tenía de ellos, y esta forma de verlos se debía a que mi abuela materna, después de hacerse evangélica, consideraba a los espíritas como servidores de Satanás en la Tierra, incluido su propio hijo. Además, las películas estadounidenses situaban estereotipadamente a los médiums como estafadores y calculadores, que usan turbantes y miran bolas de cristal para poder invocar el espíritu de los muertos a cambio de mucho dinero.

Mi imaginación funcionó aun más negativamente cuando supe que la tía Hortencia era médium, palabra que la abuela incluso evitaba pronunciar.

Las raras veces que el tío Abílio venía a la casa, yo me excusaba y me iba. Ese domingo; sin embargo, estaba realmente interesada en lo que iba a pasar y pude examinar a mis tíos con más atención y no noté nada inusual en ellos. Era un hombre amigable, afable y bien educado.

Llevaba jean de marca, zapatillas deportivas modernas y una camisa de seda azul de mangas largas. Vestía elegantemente y con buen gusto. Era discreto al hablar y económico en sus gestos.

Luego del tradicional café con yuca y pastel de coco, que era el favorito de mi tío, mostramos a nuestros visitantes la nueva casa. Mi tío hizo algunos comentarios casuales sobre la arquitectura de nuestra casa y el hecho que el arquitecto se inspiró en la época victoriana. Finalmente, nos reunimos en la sala y mamá fue directa al grano:

- Abílio, voy directo al grano. Tenemos un problema que creo que eres la mejor persona para ayudarnos, o al menos aconsejarnos sobre lo que está pasando aquí.

- ¿Qué te pasa, Rosa?

- ¡Esta casa parece estar infestada de espíritus!

- ¿Espíritus? Rosa, por favor describe detalladamente lo que está pasando.

Mi madre le contó detalladamente los últimos acontecimientos, incluido el testimonio de doña Eulália.

Mi tío salpicó la narrativa de mi madre con diferentes preguntas. Cuando terminó, hubo un silencio que fue roto por él:

- Para que entiendas claramente lo que sucede en esta casa, necesito hacer algunas consideraciones sobre la muerte y el más allá.

- En primer lugar, según la doctrina que profeso, no existen el cielo, el infierno, el purgatorio o el limbo como predican el catolicismo y otras religiones.

- ¿Y a dónde va la gente después de la muerte? - Le pregunté.

- Abílio dijo que algunas almas desencarnadas quedan atrapadas en la Tierra según sus intereses cuando encarnan. El jugador va a los casinos; el alcohólico vuelve a los bares; los espíritus sexólatras van a los "infiernos", lugares de prostitución y cosas por el estilo.

En estos ambientes, estos espíritus desencarnados, pero aun sujetos a pasiones materiales, buscan satisfacer sus emociones y deseos primarios.

Muchos están atrapados en ciertos lugares como viejos castillos, cementerios y las llamadas casas encantadas, esto puede ser lo que está pasando aquí.

- ¿Esta situación espiritual dura para siempre? - Cuestioné.

- No. Espíritus superiores, cuando el espíritu sufriente pide ayuda, acuden a ayudar de estos hermanos para llevarlos a lugares de ayuda como Nuestro Hogar.

- ¿Nuestro Hogar? ¿Qué lugar es ese? - Preguntó mi padre.

- Es una Colonia espiritual de transición que se ocupa de los espíritus retirados del Umbral.

- Umbral es otra palabra cuyo significado no sé, comentó mi padre.

- Umbral, como su nombre indica, es una región oscura y triste donde espíritus desencarnados no iluminados pasan una temporada. Mira Augusto, hay un libro del espíritu André Luiz, psicografiado por Francisco Cândido Xavier, con este título que aclara todas estas cosas. Un día de estos te lo traeré. ¿Quieres?

- Sí. Me gustaría leerlo.

- ¿Cuánto tiempo permanece un espíritu en una Colonia así, Abílio? - Preguntó mi madre.

- Depende de los avances que haga y de la necesidad más o menos urgente de reencarnar.

- Tío, ¿tenemos que pasar todos por el Umbral? - Preguntó Ana Julia.

- No, mi hija. Esto depende del nivel evolutivo de cada espíritu.
Hay quienes de cierta evolución, después de desencarnarse, se liberan de la Tierra y ascienden a planos superiores. También están los que permanecen en la Tierra, caminando por las calles, visitando sus hogares, yendo a los lugares que les gustaban cuando encarnaron; son aquellos que están fuertemente ligados a los valores materiales.
Muchas de estas personas ni siquiera saben de su propia muerte.

- ¿Personas que mueren y no saben de su propia muerte? ¿Como eso es posible? - Preguntó mi padre, quien parecía muy interesado en la explicación del tío Abílio.

- Esto se debe a que cada uno de nosotros tiene otro cuerpo, el de naturaleza fluidica y que fue llamado, por Allan Kardec, periespíritu. El cuerpo de carne es copia fiel de él y todo lo que está en el segundo también existe en el primero.

- Desencarnado, el espíritu pierde su cuerpo material, pero no su periespíritu y, así, aunque muerto, se siente vivo, respira, se emociona, ve y oye, por lo tanto, confundido acerca de su estado, no sabe que ha fallecido.

- ¿Podemos ver este periespíritu? - Preguntó mi padre.

- No para todos. Las personas que ven espíritus se llaman médiums psíquicos, aunque existe una situación especial en la que todos pueden ver un espíritu.

- ¿Cuál es esta situación? - Pregunté.

- Todo el mundo puede ver un espíritu si está materializado o tiene un cuerpo ectoplásmico.

- ¡Cuerpo ectoplásmico! ¿Qué es eso? - Preguntó mi padre.

- Es un cuerpo formado por ectoplasma. Y esta palabra fue creada en 1903, en Argel, por Charles Richet, un gran metapsíquico francés, que, en ese momento, estudiaba los fenómenos de materialización producidos por la médium Eva Carrière.

Para acortar nuestro viaje, debo decirles que el ectoplasma es una sustancia fluidica de apariencia diáfana y sutil que fluye, a través de determinadas cavidades, en el cuerpo del médium. Los espíritus, utilizando esta sustancia, crean para sí mismos cuerpos ectoplásmicos - hechos con ectoplasma.

Tales cuerpos guardan a menudo un gran parecido con los de carne. A propósito. ¿Te gusta leer?

- Mucho.

- Entonces les sugiero leer un libro que se llama *Materializaciones luminosas*, de Rafael Ranier o *La Obra de los muertos*, de Nogueira de Farias y, especialmente, un libro de William Crooks sobre la investigación de los fenómenos espíritas.

Esta obra fue publicada en Brasil, si no me equivoco, con el título de *Hechos Espíritas*.

- ¿Son fáciles de encontrar estos libros?

- Sí. Los que están descatalogados se pueden encontrar en librerías espiritistas de segunda mano.

- Augusto, este tema es muy rico, complejo y vasto; sin embargo, ahora lo que debemos tratar son las apariciones de esta casa, porque para eso fui llamado aquí. ¿No es verdad?

- Sí, Abilio - respondió mi madre.

- Entonces, abordemos objetivamente este tema. Según me dijeron, aquí hay espíritus que, por alguna razón desconocida, viven aquí. Nuestra tarea es sacarlos de esta casa y, con ello, cesarán los fenómenos.

- ¿Y cómo podemos sacar a estos intrusos de nuestra casa? – Preguntó nuestra madre.

- Necesitamos contactar con ellos para adoctrinarlos.

- ¿Qué es adoctrinar a un espíritu? - Preguntó Ana Julia.

- La práctica consiste en dialogar con ellos para hacerles conscientes de su situación real, mostrándoles la impropiedad moral de su conducta.

- ¿Cómo se puede hablar con un espíritu? - Preguntó Ana Julia.

- Esto se hace a través de un médium: es decir, una persona que tiene la capacidad de mediar en los contactos entre los planos espiritual y encarnado. El espíritu se comunica con nosotros a través de él.

- Abílio, ¿cuándo vamos a hacer la primera sesión? - Mi madre quería saber.

- Hay un pequeño problema. No es recomendable hacer este tipo de sesiones en una casa familiar.

- ¿Por qué no? - Preguntó mi madre de nuevo.

- Porque estas casas no son lugares adecuados. Lo que se puede hacer en ellos es solo el llamado Evangelio en el hogar.

- ¿Cómo es este culto? - Preguntó Ana Julia.

- Siempre se hace el mismo día de la semana. Hay una oración inicial y la lectura de un extracto de una obra espírita. Luego hablamos del texto leído. El cierre también se hace con una oración, llamada oración final.

Durante el culto no debe haber manifestaciones de guías espirituales o enfermos.

- Entonces, ¿cómo vamos a limpiar esta casa? - Preguntó mi padre.

- Tendrás que ir al Centro que frecuento, muy cerca, en Largo do Tanque, donde se puede realizar el trabajo con seguridad. ¿Estás dispuesta a ir?

- Seguro que lo haremos, ¿no, querido? - Dijo mi madre, volviéndose hacia mi padre.

- Sin duda - dijo mi padre, un poco incómodo.

- ¡Oh! Hay algo más. Las reuniones se celebrarán por la tarde, entre las ocho y las diez, todos los miércoles. Naturalmente no habrá reuniones públicas. Además del presidente del centro, Dr. Ramalho, participaremos, mi esposa, yo y los médiums de la casa y ustedes, que son los más interesados en este tema.

Las niñas no participarán, porque su presencia no aporta nada, además de ser un sacrificio para ellas.

- No te preocupes Abílio, le pediré a nuestra vecina Eulália que se las cuide. Solo un día, no creo que ella se niegue a sí misma.

- Y yo, tío, puedo mirar. Estoy muy interesada. Incluso me gustaría grabar las sesiones si es posible.

- Álvaro, ya eres un niño y pareces tan interesado que tu participación no nos supondrá ninguna dificultad. En cuanto a la grabación, no veo cómo podría perjudicar la obra.

- Entonces todo está bien - dijo mi madre, muy satisfecha.

- Sí. Más que bien. Mi tío confirmó. Solo necesitamos hablar con el presidente del Centro y él nos dará luz verde.

Al salir de nuestra casa, el tío Abílio fue a hablar con el Dr. Ramalho, quien era presidente del Centro Espírita Ernesto Bozzano, y le contó la naturaleza de nuestro problema, pidiéndole ayuda. El Dr. Ramalho acogió muy bien el pedido de mi tío y nuestro viaje al centro quedó programado para el miércoles siguiente.

CAPÍTULO V
La primera sesión

Con la dirección del Centro Ernesto Bozzano, el miércoles a las seis, mi padre, mi madre y yo nos subimos al coche rumbo a la Rua das Flores, una pequeña calle sin salida donde estaba ubicado el Centro. De hecho, como había dicho mi tío, el lugar no estaba muy lejos de nuestra casa. Cuando llegamos, estaban allí el Dr. Raúl Ramalho, su esposa doña Otília y otros dos médiums, uno de incorporación, el Sr. Paulo Medeiros y la Sra. Julieta Marins de Campos que estaba psicografiando.

Nada más al llegar nos presentaron al Dr. Ramalho, quien nos dijo:

- Estamos muy contentos de darles la bienvenida a nuestra casa. Esperamos que encuentren lo que vienen a buscar aquí. Nuestra casa no es muy grande.

Fue fundada en 1928 por un ingeniero llamado Ernesto Ramalho quien, resultó ser mi abuelo.

Aprovechemos el poco tiempo que nos queda para enseñarles el Centro.

Salimos con el Dr. Ramalho y nos mostró las diferentes estancias que componían la casa.

- Ésta es la sala – comenzó -, donde realizamos nuestras conferencias y algunas actividades artísticas. Esta segunda sala es donde realizamos nuestro trabajo mediúmnico. Actualmente estamos en el proceso de construcción de un segundo piso y tan pronto como esté listo, trasladaremos esta habitación al piso de arriba. Este otro de aquí es donde se reúnen los jóvenes para estudiar la doctrina y el de al lado está dedicado a la evangelización. Todavía hay uno donde guardamos comida para nuestra gente, pero ahora está cerrado y no tengo la llave. Este es nuestro lugar de trabajo. Como dije, no es muy grande, pero estamos trabajando para hacerlo más grande.

- Muy bien - dijo mi padre, que nunca había estado en un Centro Espírita en toda su vida.

El Dr. Ramalho miró su reloj y nos invitó a pasar a la sala de trabajo mediúmnico. Tan pronto como entré, noté que habían llegado dos médiums más: el profesor Aluízio Menezes, médium de psicofonía, y María Augusta Vianna, médium de efectos físicos.

Nos sentamos todos en una mesa grande en la que cabían 12 personas. En él se encontraban libros sobre la Codificación, uno de André Luiz, *Señal Verde* y otro de Emmanuel, con el título *Siembra de los médiums*. Después que nos acomodamos, se leyó un mensaje del libro de André Luiz y poco después el Dr. Ramalho dijo una oración:

- "Jesús, maestro bueno y amado. He aquí un grupo de hermanos deseosos de ayudar a esta familia que acudió a nosotros buscando ayuda.

Nosotros; sin embargo, somos muy pequeños y por eso pedimos vuestra ayuda.

Jesús, envíanos los buenos espíritus y especialmente aquellos cuya tarea es ayudar a nuestro encuentro. Apoya nuestro deseo de crecer y que este encuentro se pueda desarrollar en paz y con gran beneficio para todos nosotros. Que así sea."

Después de esta oración, el Dr. Ramalho, que parecía tener mucho respeto por mi tío, le pidió que actuara como adoctrinador ya que la petición era suya.

De repente, la médium que estaba sentada a mi lado empezó a respirar con dificultad. Mi tío entendió que un espíritu se comunicaba a través del médium. Con voz suave pero enérgica, le habló al espíritu recién llegado:

- Mi querido hermano, ¿a qué debemos tu visita?

El médium, cambiando su expresión facial y el tono normal de su voz, dijo:

- ¡Vaya! Vamos con calma. En primer lugar, no soy tu hermano y mucho menos tu amado. En segundo lugar, quiero saber qué están haciendo en mi casa.

Salgo un rato y cuando vuelvo lo encuentro lleno de gente. ¿Cómo entran así en las casas de otras personas sin preguntar? ¿Qué están pensando?

- Hermano mío, estás equivocado. Esa casa ya no es tuya.

- ¿Cómo no es así? ¿Entonces no vivo aquí?

- No vives aquí, hermano mío, por una sencilla razón: para tener una casa necesitas estar encarnado, y no lo estás.

- ¿Qué es toda esa charla sobre estar encarnado? Encarnado lo sé es estar en la carne.

- Hagámoslo más fácil: cuando dije que no estás encarnado es lo mismo que decir que estás muerto.

- ¿Estoy muerto? Ésta es la mayor tontería que he oído jamás. Yo, Ramiro Cobra -Verde, embaucador de Lapa, amigo de Medianoche, Madame – Satanás, Miguelzinho Camisa - Negra, ¡muerto! Estoy aquí hablando contigo, ¿cómo puedo estar muerto? ¡Déjate de tonterías, amigo!

- Hermano mío, piensa un poco. Ignoras tu verdadero estado - reflexionó mi tío.

- ¡No hago caso a un payaso como tú! ¿De qué estado estás hablando?

- Tu estado espiritual.

- Si insistes en estas tonterías, me iré y te dejaré hablar solo.

- No hagas eso, Ramiro, será peor para ti.

- Nada peor - entonces el espíritu vio a mi padre en la mesa y dijo:

- ¿No es esa la fiera que quiso atraparme el otro día cuando estaba en la puerta de mi casa? Caminé alrededor de él hasta que se quedó sin padre ni madre.

Cuando mi padre escuchó esto, tomó la mano de mi madre y bajó la cabeza como si no quisiera mirar al médium a su lado. El tío Abílio retomó el diálogo con él:

- Ramiro, ¿por qué hiciste eso?

- ¿Eso qué?

- Eso es lo que le hizo usted al señor Augusto.

- ¿Se llama Augusto? Ni siquiera lo sabía. Nada personal, fue una broma.

- En realidad el primer día quise bromear, pero los demás días tuve la idea de hacerle creer que yo era el amante de su esposa.

- ¿Crees que eso es correcto, hermano mío?

- Ni bien ni mal. Creo que es divertido. ¿Quieres saber algo? Ya estoy aburrido de todas estas tonterías. Me voy. Lapa me espera.

Entonces el médium se estremeció y volvió a la normalidad. En ese mismo momento llegó otro espíritu. Éste, incorporado a uno de los médiums, abrió la comunicación con un breve saludo:

- Que la Paz de Nuestro Señor Jesucristo esté en vuestros corazones hoy y siempre. Aquí comienza ahora una tarea que la espiritualidad mayor nos ha encomendado y que debemos llevar a cabo con éxito si queremos colaborar con el mundo mayor.

- ¿Cómo te llamas, hermana mía? - Le pregunto al tío Abílio.

- Para ti soy la hermana Letícia.

- Hermana, nos dijiste que hay una tarea a partir de hoy en la que estaríamos involucrados. ¿Qué tarea es ésta? - Continuó mi tío.

- Te explico: En la casa donde viven hay algunos espíritus relacionados con ella, como el que se manifestó no hace mucho. Son espíritus que, por diversos motivos, se encuentran psíquicamente atrapados en esa casa, pero que necesitan liberarse para continuar su viaje hacia los mundos mayores. Uno de ellos, que está allí, es muy querido para mí y, por eso, me designaron para ayudar a liderar un equipo de rescate que pretende sacarlos de allí, para que recuperen su espiritualidad.

- ¿Y por qué nos llamaron para ayudar? - Mi tío quería saber.

- En primer lugar, se te ofrece una muy buena oportunidad de trabajo y elevación espiritual, no fue casualidad que compraron esa casa. Habrá más aclaraciones a medida que nuestro trabajo continúe. ¿Puedo contar contigo?

- Por supuesto, hermana Letícia, puedes contar con nuestra ayuda, aunque todavía somos principiantes en este tipo de trabajos. Solo tenemos buena voluntad - dijo mi tío, expresando el pensamiento del grupo.

- Eso es muy bueno. Tengan la seguridad que Jesucristo y los buenos espíritus estarán a nuestro lado en todo momento. No tengan miedo de emprender este tipo de tareas, pues el trabajo es la escalera que nos lleva a mundos mayores. No duden que el conocimiento intelectual es importante para el progreso de los espíritus, sin embargo es el trabajo por el prójimo lo que realmente nos impulsa hacia arriba.

Por eso, ante el trabajo fraterno, nunca se consideren incompetentes o incapaces. Todos podemos ayudar a nuestros hermanos encarnados o desencarnados.

La hermana Letícia dejó de hablar. Todos quedamos conmovidos por sus palabras, incluso mi padre, que siempre había sido reacio a las cosas del espíritu, pareció conmovido de alguna manera. Yo mismo, a pesar de mi corta edad, intenté entender qué quería decirnos aquel espíritu bondadoso con aquellas palabras de aliento. Hoy, cuando cuento esta historia, unos años después, imagino que ese día fue uno de los más importantes de mi vida, pues determinó el camino que debía seguir a partir de entonces.

CAPÍTULO VI
Ramiro vuelve a comunicarse

El miércoles siguiente, Ramiro volvió a comunicarse. Fue un poco menos agresivo. Parecía cansado. Fue el tío Abílio quien inició el diálogo:

- Hermano Ramiro, estamos muy contentos con tu regreso. ¿Por qué volviste?

- No sé muy bien. Estoy un poco loco. Camino muy triste, sin destino, haciendo un montón de tonterías que no conducen a nada. Estoy cansado de todo esto.

Pensé que era "inteligente", pero creo que en realidad soy un gran idiota.

- Entonces, ¿has despertado a una nueva vida, hermano mío?

- Pienso que sí.

- ¿Cómo fue eso?

- Fue después de una conversación con una señora muy simpática, gente muy simpática.

- Ella suele venir aquí.

- ¿Te refieres a la hermana Letícia?

- Creo que ese es su nombre. ¿La conoces?

- Hace poco tuve el placer de conocerla.

- Creo que la hermana Letícia, colabora con ella, porque ella quiere tu felicidad.

- ¿Aun crees que puedo ser feliz?

- ¡Por supuesto, hermano! La bondad de Dios es ilimitada, es como el Sol que calienta a justos e injustos.

- Hermano mío, no sabes ni la mitad de la misa. Hice todo tipo de locuras cuando estuve encarnado. No creo que sea digno del perdón de Dios.

- No digas eso, Ramiro, como ya dije, el perdón de Dios no se le niega a ninguno de sus hijos, por grandes que sean los errores cometidos. La única condición es que realmente nos arrepintamos los errores que cometimos.

- Lo siento mucho.

- Eso está muy bien, amigo. Dime algo. En nuestra conversación usaste la expresión: "cuando estabas encarnado." Entonces ¿ya conoces tu situación real?

- Sí, ya sé que estoy desencarnado.

- Eso es muy bueno. ¿Cómo hiciste este descubrimiento?

- La hermana Letícia me llevó a un lugar muy hermoso con jardines, parques y edificios, realmente se parecía a esos condominios tan chulos que vemos por aquí. Me llevó a un edificio donde había muchas personas vestidas de blanco, parecían médicos. Creo que había un hospital allí. Allí me llevaron a una sala donde me proyectaron una película. ¿Sabes quién estaba en esa película?

- No.

- Yo. En la pantalla me vi con mi "mañosería" corriendo y disparando a la policía.

Corrí, pero de repente me encontré con mi traje blanco empapado en sangre. Luego me encontré de pie junto a un cajón de la morgue donde estaba mi cuerpo.

Entonces la película se detuvo y estuve seguro que estaba muerto.

- Y ahora, hermano mío, ¿qué piensas hacer?

- La hermana Letícia me dijo que vendrá a buscarme para llevarme a un lugar hermoso donde pueda descansar y cuidar mi salud. Quiero pedirte disculpas por lo malo que te hice pasar.

- No tienes por qué pedir disculpas. Eso ya pasó.

- Está bien, amigo mío, debo irme ahora.

En ese momento, el espíritu se retiró esta vez suavemente. Poco después, la hermana Letícia comunicó:

- Hermanos míos, esta fue nuestra primera victoria. Nuestro amigo Ramiro nos acompaña a someterse a un largo tratamiento, para poder volver a la carne a vivir una nueva experiencia rectificadora. Descanse en la paz de Nuestro Señor Jesucristo.

Nuestra lucha, hermanos míos, continúa, ya que todavía hay muchos hermanos que sufren y necesitan de nuestra ayuda.

Terminada la reunión, mi padre, que parecía cada vez más interesado en todo lo que veía, le preguntó al tío Abílio:

- Abílio, la hermana Letícia dijo algo que no entendí del todo.

Algo así como volver a una experiencia en la carne. ¿Sabes qué significa esto?

- Sí. Es un concepto clave en la Doctrina Espírita.

Reencarnación o vidas sucesivas.

- ¿No es una idea hindú?

- No solamente. Aparece en Egipto, Grecia, entre los judíos y otros pueblos.

En rigor, la reencarnación es una ley natural y, por tanto, no es propiedad de un pueblo ni de un credo. Puedo sugerirte un libro que aclarará tus dudas sobre la reencarnación y otros conceptos espíritas.

- ¿Qué libro es este?

- Me refiero a *El Libro de los Espíritus*, publicado el 18 de abril de 1857 en París por Allan Kardec. Describe los fundamentos de la Doctrina Espírita.

- ¿Hay otros libros además de éste?

- Sí, cuatro más: *El Libro de los Médiums*, publicado en 1861; *El Evangelio según el Espiritismo* que salió a la luz en 1864; luego se estrenó *El Cielo y El Infierno* en 1865 y, finalmente, en 1866, *La Génesis*. Este conjunto forma lo que convencionalmente se llama entre nosotros el Pentateuco Espírita en clara alusión al Pentateuco de la Biblia. ¿De verdad quieres leer *El Libro de los Espíritus*, Augusto?

- Sí, Abílio, todavía no creo en las concepciones espíritas, pero es un tema muy interesante y quiero saber más sobre él.

- Está bien, entonces en la próxima reunión traeré el libro. Espera un momento, lo haré mejor. Te daré el Pentateuco.

- Muy agradecido, Abilio.

- No me agradezcas. Solo prométeme que leerás estos libros con el cuidado y la atención que merecen.

- Puedes estar tranquilo. Lo prometo.

CAPÍTULO VII
Siñá Moça

El miércoles siguiente, mi tío regresó a nuestra casa, trayendo consigo, además de *El Evangelio según el Espiritismo*, que utilizó para la lectura preparatoria de la reunión, los Libros de la Codificación que le había prometido a mi padre. Me di cuenta que mi padre había sufrido una gran transformación. Tomó los libros que mi tío le había regalado, rápidamente hojeó *El Libro de los Espíritus* y lo llevó a su habitación y lo guardó allí con los otros cuatro libros. Esa era una señal que realmente los iba a leer porque papá no llevaría un libro a su habitación si no iba a leerlo.

Mamá sirvió té de durazno con galletas de tapioca, su especialidad. Hablamos de muchas cosas relacionadas con el Espiritismo y el tío Abílio nos explicó quién era Allan Kardec y cómo había codificado las enseñanzas de los espíritus. Finalmente, llegó el momento de ir al Centro para otra reunión de desobsesión. Cuando llegamos, nuestros compañeros ya estaban allí.

Nos sentamos a la mesa y se hizo un silencio respetuoso. El Dr. Ramalho pronunció la oración inicial:

- "Señor Jesús, aquí está una vez más un grupo de tus hermanos, deseosos de seguir tu Evangelio de Luz y de Amor. Danos, Señor, la comprensión de las cosas que están más allá de nuestra comprensión, fortalécenos el deseo de crecimiento y sostennos en nuestra vacilaciones. Pido también que, si es voluntad de Dios, esté presente entre nosotros nuestra hermana y benefactora Letícia, quien será la líder espiritual de este encuentro. Que así sea."

Se hizo el silencio y, de repente, la hermana Letícia habló a través de la médium María Augusta:

- Que la paz de Jesús esté con todos los que estamos en esta casa. Estoy muy feliz que podamos continuar nuestro trabajo con nuestros hermanos que sufren.

- Hoy hay aquí una hermana que necesita, y no poca, nuestra ayuda.

Vamos a permitir que se manifieste para que todos puedan ver el estado en que se encuentra y, así, comprender, en la práctica, la condición de los espíritus desencarnados.

Unos segundos después, el médium Aluízio Meneses dio señales de estar bajo la influencia de un espíritu. Mi tío se apresuró a interrogar al espíritu manifestado:

- Hermana, estás entre amigos, siéntete libre. Todos aquí te deseamos lo mejor.

- No veo a mis amigos aquí. ¿Dónde están los barones, los condes y los duques que ocuparon mi Corte?

Aquí solo veo plebeyos que, naturalmente, no conozco.

- Hermana mía, ¿cómo te llamas? - Preguntó Abilio.

- ¡¿Cómo?! ¿No me conoces? ¿Ni siquiera has oído hablar de mí, baronesa María Carolina Catarina Pontes de Mello e Silva? ¡Sí, realmente debes ser un rústico!

- De hecho, baronesa, no la conozco y le pido disculpas por ello - dijo mi tío con seriedad.

- Todo esto es muy extraño. Esta es mi finca en Río de Janeiro.

Esto es Río de Janeiro, la Corte del Emperador Don Pedro de Alcântara, esposo de la Emperatriz Tereza Cristina, una persona maravillosa por su sangre y nobleza de carácter. La conozco muy bien. ¡Espera! ¿Qué es esto? ¿Una reunión política? ¿Una conspiración? ¿Un consejo de magos?

- No es nada de eso. Somos hermanos dedicados al estudio y al conocimiento - dijo mi tío.

- ¿Estudiar? ¡Eso es muy bueno! Entonces son personas educadas.

- Les debe gustar la poesía... Soy recitadora, ¿quieres escucharla?

La primavera ya está aquí, su rostro alentador muestra su amor suave y gentil.

Ya se derrama sobre los campos, suave rocío creativo; y los campos devastados dan vida a un nuevo amor.

El estridente ronco ya no proviene de los vientos furiosos; y las galernas halagadoras solo inspiran paz y amor.

Ya entre las ramas verdes, oigo al cantor emplumado, que canta en sus chirridos brillantes himnos de amor.

Estos versos son de Domingos Caldas Barbosa. ¿Conoces a este poeta?

A la gente de mi clase social no le agrada. Dicen que es muy popular; pero cuando me canso de Camões, Gil Vicente y otros portugueses me gusta leer algo de Caldas Barbosa y otros poetas brasileños.

Nosotros aquí también tenemos nuestros talentos, talentos bárbaros, pero siempre talentos.

El espíritu hizo una pausa en su aluvión de palabras. El tío Abílio aprovechó para hablarle:

- Hermana Carolina, me gustó mucho. La baronesa recita muy bien.

- Lo sé. Aprendí del padre Heitor de Mariz. Él es el maestro cantante de nuestra capilla. Es un hombre erudito, sabe latín e incluso griego. Vino de Coímbra.

¿Conoces Coímbra? ¡Oh! Es una ciudad hermosa.

- Baronesa, ¿puedo hacerle una pregunta? - Dijo el tío Abílio.

- Le permito. Hoy estoy de muy buen humor. ¿De qué se trata?

- Carolina, ¿de verdad crees que esta casa es la misma finca donde vivías?

- ¿Vivía? ¡No! Esta es la casa en la que vivo.

- Hermana mía, ya no perteneces a esta vida.

- ¿Y eso no lo sé? Claro que lo sé. Pero eso no cambia nada. Sigo aquí porque fue en esta casa donde nací y donde vivo hoy y no quiero renunciar a ella.

- Amiga mía, no puedes actuar así - insistió mi tío.

- Claro que puedo. Tanto es así que estoy actuando.

- Sí, es cierto, pero estás impidiendo tu propia evolución.

- ¿Quieres saber algo? Esta conversación no me interesa en absoluto. Me voy ahora. Tengo mucho más que hacer para perder el tiempo con gente como tú.

Apenas había terminado de decir estas palabras, el espíritu abandonó a la médium y hermana Letícia volvió a hablar a través de María Augusta.

- Se pudo ver con suma claridad el estado en que se encuentra este espíritu sufriente.

- ¿Quién es ese espíritu, hermana Letícia? - Mi tío quería saber, haciendo la pregunta que todos desearíamos haber hecho.

- Hace muchos años, antes que se construyera esta casa, existía una gran finca cafetalera, propiedad de Manoel Pontes de Mello e Silva, el barón de Santa Tecla, un hombre poderoso vinculado a la Corte de Pedro II y que había llegado a Brasil. unos veinte años después de la llegada de don Juan VI. Carolina era la única hija del barón. Una joven muy alegre y amable, cortejada por los mejores partidos de la época, pero sin decidirse por ninguno de ellos. Luego, su padre, como era costumbre en la época, la hizo contraer matrimonio con el hijo de Manoel Álvares Ribeiro, conde de Igarassu, un hombre que se había enriquecido con las fábricas de azúcar que poseía en Pernambuco.

Y debido a que las finanzas del barón de Santa Tecla no iban muy bien, vio en este matrimonio la oportunidad de salir de tal situación económica.

Conoció al conde de Igarassu en una fiesta en la Corte. Hablaron mucho y pronto entre ellos, con los ánimos en sintonía, surgió una fuerte amistad basada en el interés recíproco. El barón quería salir de las dificultades en las que se encontraba y el conde, que había comprado el título, quería inyectar a su familia una dosis de auténtica sangre azul.

El hijo del conde se llamaba Augusto Manoel Ribeiro, un muchacho cuya vida destructiva y disoluta causó grandes preocupaciones a su padre.

Había ido a estudiar a las capitales más importantes de Europa, pero había aprendido mucho más sobre el arte de los amores oscuros y las bebidas embriagantes de lo que las universidades podrían haberle enseñado. Éste fue un motivo más para que el conde quisiera ver casado a su hijo, transformado en un hombre serio como dicen.

El carácter de su futuro yerno no fue obstáculo para los deseos del barón, y dijo que eso de las mujeres y la bebida era propio de la juventud.

El compromiso fue firmado entre los dos padres; sin embargo, lo que el barón de Santa Tecla no sabía era que Carolina había encontrado, en la finca, a un compañero de muchas vidas pasadas, y que él estaba encarnado en un mulato, hijo del supervisor Bento Rodrigues y, de él, se había enamorado.

Este sentimiento, naturalmente, se mantuvo en absoluto secreto.

Por eso, el día que el padre informó a su hija de su matrimonio con el hijo del conde de Igarassu, su reacción no fue la que el conde esperaba. Por primera vez le dijo no a su padre, alegando que no se casaría con el joven Augusto Manoel porque no lo amaba.

Está claro que el padre no aceptó la negativa de su hija: amaba o no a su prometido, se casaría con él porque su padre así lo deseaba y su voluntad era ley.

Carolina buscó el apoyo de su madre, pero la pobre mujer se mostró enteramente sumisa a su tiránico marido.

Carolina se desesperó cuando se enteró que su padre había ofrecido una cena a la familia del conde para oficiar el compromiso y fijar la fecha de la boda lo antes posible. Los fados; sin embargo, siguieron tejiendo las vidas subordinadas a ellos.

El muchacho, a quien ella amaba, había sido enviado por el barón al norte del estado con el objetivo de comprar algunos negros de la finca del barón de Inhaúma, donde debía permanecer por unos días.

Carolina se sintió abandonada y aterrorizada a medida que se acercaba el día de su boda. De una cosa; sin embargo, estaba segura: no se casaría con el hijo del conde. Mientras tanto, Bento Rodrigues, al regresar de su viaje, se enteró de la boda de su amada. La noticia lo sacudió profundamente: había soñado demasiado en grande. Por supuesto, nunca podría casarse con la joven baronesa.

En el fondo; sin embargo, quería hablar con Carolina y saber de ella la noticia de su matrimonio. Pero, ¿cómo podría hablar con ella? Esa noche no pudo dormir.

Al día siguiente buscó a María Bárbara, criada de Carolina y pariente de su padre. La encontró cerca del cuarto de los esclavos y le dijo:

- María, necesito charlar contigo. Es serio y confidencial.

-¿Qué es?

- Escuché que la Siñá Carolina se va a casar. ¿Es esto real?

- Sí. Realmente lo hará. La boda será la próxima semana.

- Necesito ayuda.

- ¿Para qué?

- Necesito hablar con ella antes de la boda.

- ¿Estás loco, Bento? No hagas eso. Que la Siñá se case con quien quiera. No se buscan cuernos en la cabeza de un caballo. Eres una bestia, Bento, parece que no puedes ver.

- ¿No veo qué?

- No puedes ver que esta chica no es para ti. Aprende a poner tu sombrero donde tu mano pueda alcanzar.

- Mire, quien da un paso más grande que sus piernas, cae mal.

- Vuestramercé, María se involucra donde no le corresponde y dice que es solo la negra de leche. Me gusta Siñá Carolina y eso nadie lo va a cambiar. Déjalo en paz y llévale un mensaje mío.

- Bento, Bento, esto no funcionará. La cuerda siempre se rompe por el lado más débil.

- Vuestramercé, María, parece un pájaro siniestro. Creo que tienes la sangre del búho del sudario.

- No soy eso, ni tengo sangre de búho. La cosa es que me gustas tú más que tu Siñáziña o cualquier otra persona.

- Déjate de tonterías, María, esto es pura tontería en tu cabeza.

- A ver si puedes verte a ti mismo. Ve y llévale mi mensaje.

- La Siñá Carolina dice que te espera cerca del tronco de Jacarandá junto a la fuente. Mañana en la tarde.

- No hay nadie allí.

- Tú eres el que lo sabe.

María Bárbara se sintió disminuida y humillada, amaba a Bento en silencio y no podía aceptar el amor como él la había tratado. Poco a poco, en su mente dominada por los celos, nació un nuevo pensamiento. Tan pronto como Bento se fue, corrió a la casa grande y le contó al barón lo que estaba pasando.

El señor de la finca le dijo a la criada que le llevara el mensaje a la Siñá y ella así lo hizo.

Al día siguiente, por la tarde, Bento Rodrigues se encontraba en el lugar de la reunión, apoyado en el tronco del árbol de Jacarandá. Esperó ansiosamente a su amada y ella no vino.

Estaba decidido a rendirse y regresar a casa, cuando sintió las fuertes manos de los hombres del barón deteniéndolo. Atado y arrastrado, el hijo del capataz fue llevado ante la presencia del barón cuyos ojos se llenaron de odio y desprecio hacia el mulato.

- Entonces, negro sucio, pensaste que podrías casarte con mi hija.
¿Quién te metió esas locuras en la cabeza?

- Señor barón, lo siento, no tenía esa intención.

- Eso no me interesa. Voy a darte una lección, mocoso, para que nunca más la olvides.

El barón de Santa Tecla ordenó que lo ataran al cepo y lo azotaran hasta matarlo. Desde el interior de la casa, Carolina escuchó los gritos del muchacho, pero no lloró. Hay dolores tan profundos que pueden inhibir las lágrimas de quien los sufre. Por la mañana, el barón ordenó sacar de allí el cuerpo de Bento Rodrigues y luego entregarlo a su padre para que lo enterrara. Carolina no dijo nada, ese silencio fue visto por su padre como una falta de sentimiento. Entonces él, que no le gustaba el mulato, pensó y se dijo: tanto mejor, dentro de poco se casará y todo irá bien.

Cuando faltaban solo tres días para la boda, Carolina tomó una decisión extrema. Después del almuerzo, salió con uno de sus primas a caminar por el campo.

- ¿Dónde vamos? - Alice le preguntó a su prima.

- Vamos a casa de la abuela Balbina.

- ¿Quién es la abuela Balbina? - Preguntó la joven

- Es una anciana negra considerada bruja por la gente de aquí.

- ¿Es ella una bruja?

- No sé. La conozco desde que era niña y nunca la he visto hacerle daño a nadie.

- Sé que ella sabe mucho sobre las hierbas buenas y malas.

Cuando llegaron a la taberna donde vivía la abuela Balbina, la negra estaba triturando hierbas en un pequeño mortero de piedra. Tan pronto como vio a las dos niñas, dijo.

- Niña, que alegría verte aquí en mi humilde casita.

- Vine aquí por orden de mi madre, abuela Balbina.

- ¿Y qué hace tu madre con esta negra vieja?

- Quiere un poco de esa hierba que sabes, la que mata a los caballos.

- También mata gente.

- Ella sabe. Es su caballo, está enfermo de pena. Mi padre quería acabar con el animal, pero mi madre no lo permitió. Ella misma quería matar al animal, pero de una forma más suave sin que el animal sufriera demasiado.
¿Tienes esa hierba ahí?

- Yo tengo una que va muy bien para estos casos.

La negra fue a una especie de jardín, que cultivaba en la parte trasera de la casa, y vino con una rama de cicuta y le explicó a Carolina cómo se hacía el veneno.

Después que la abuela Balbina entregó las hierbas, Carolina le agradeció y regresó a casa.

- ¿Podrá la tía hacer el veneno? - Alicia quería saber.

- La abuela Balbina me enseñó a hacerlo.

Las dos niñas corrieron a casa, y al llegar a la habitación, Carolina preparó el veneno, bebió una dosis doble y se acostó en la cama a esperar la muerte. Por la mañana, la encontraron con el cuerpo rígido, los ojos bien abiertos y vidriosos, mirando al vacío.

Desalojada de su cuerpo por la acción del veneno, Carolina estuvo confundida durante mucho tiempo. Caminó sin rumbo, escuchando risas siniestras y voces en la oscuridad que la acusaban de suicidio. Sintió en su cuerpo espiritual, a través de una especie de sensibilidad refleja, la acción de los gusanos en su cuerpo físico.

Lo que sucede con el suicida, debido al gesto extremo, todavía está fluidamente ligado al cuerpo de carne. Eso fue aterrador.

En su caminata sin rumbo, encontró una cueva cerca de la finca donde vivía. Allí entró y se quedó callada. Tenía miedo y sentía mucho frío.

Todo su cuerpo temblaba. Por mucho tiempo permaneció allí, porque tenía miedo de irse y ser capturada por aquellos horribles seres. Un día, al no escuchar más las risas y los insultos que le dirigían seres invisibles, abandonó su escondite.

Decidida, se dirigió a la casona de la finca donde vivía desde pequeña.

La casa estaba vacía. ¿A dónde habrían ido sus padres? Ni siquiera los antiguos esclavos estaban allí. Entró en ella y se dirigió a donde estaba su antigua habitación y allí se instaló.

Lo extraño de la situación de nuestra amiga es que su mente perturbada le permitió que la imaginación, tomando imágenes del pasado, reconstruya por sí misma la vida en la casa antigua. Tiempo después, también se instalaron allí otros espíritus sufrientes, que vivieron y desencarnaron en la antigua finca y ella los tomó como antiguos nobles que regresaban a rendirle corte como en el pasado.

Pasaron los años. La masía quedó en una ruina con la maleza cubriéndolo todo y pequeños lagartos verdes corriendo sobre los viejos ladrillos que quedaban de una vieja pared. Los espíritus sufrientes se marcharon; sin embargo, ella, apegada a los fluidos del lugar, no pudo alejarse y continuó viviendo allí su fantasía de Siñá. En las noches de luna, se podía escuchar una voz femenina proveniente de las ruinas cantando una vieja canción en un tono lastimero.

Después vino el inglés y compró el terreno para construir esta casa y ella siguió en él como si nada hubiera cambiado.

    - Hermana Letícia, ¿es este el mismo espíritu que se le apareció a mi hija y la dejó aterrorizada?

    - Sí. - Era ella.

- ¿Qué podemos hacer por ella, hermana Letícia? - Cuestionó mi padre, completamente involucrado en los hechos.

- Necesitamos despertarla de su sueño.

- Pero, ¿cómo? - Preguntó mi padre, totalmente motivado por el tema.

- Creo que hay una posibilidad.

- ¿Cuál? - Preguntó mi padre.

- En nuestra próxima reunión, la traeremos de regreso entre nosotros y vendrá conmigo alguien que nos ayudará en el proceso de desalienación de nuestra amiga.

La sesión de ese miércoles terminó con la oración habitual y el miércoles siguiente nos reunimos nuevamente. En ésta, tras la llegada de hermana Letícia, la baronesa dijo que parecía menos extrovertida que en la última sesión.

Su voz tenía cierta inflexión de melancolía.

- ¿Por qué me llamaron aquí?

- Llamamos porque queremos ayudarte - dijo la hermana Letícia con su tono afectuoso.

- No necesito la ayuda de nadie. Creo que quieres echarme de mi casa.

- Hermana mía, nadie quiere expulsarte de allí.

- ¿De verdad no quieres?

- Claro que no. Tienes libre albedrío y si tu voluntad ha de permanecer ahí debemos respetarla; sin embargo, créeme: queremos lo mejor para ti.

- ¿Cómo puedes saber qué es lo mejor para mí?

- No sería tan arrogante, Carolina, al decir que sé lo que es mejor para ti; sin embargo, si lo deseas, tal vez pueda darte una linda sorpresa.

- ¡Sorpresa! ¿Qué sorpresa es esta?

- Me refiero a alguien que te es muy querido.

- ¿De quién estás hablando?

- Míralo. Está a tu lado.

- ¡Bento! ¿Tú aquí?

- Sí. Fue Bento quien intercedió por ti. Llevaba mucho tiempo buscándote, pero cuando te encontró no lo reconociste. No le hablaste y ni siquiera lo escuchaste.

- Bento, ahora lo recuerdo todo. Moriste por mi culpa. ¡Lo siento, mi amor, lo siento! No imaginé que la maldad de mi padre llegaría tan lejos.

Dichas estas palabras, la médium comenzó a llorar convulsivamente.

La hermana Letícia habló con ternura:

- Hija, quédate tranquila, Bento te ama como te amaba cuando estabas encarnada. Él quiere cuidar de ti. ¿No quieres intentarlo?

- Sí, tengo muchas ganas de hacerlo.

La hermana Letícia nos habló sin ocultar su alegría:

- Todo terminó amigos míos, por fin nuestra compañera se ha encontrado a sí misma y este será el comienzo de su terapia.

CAPÍTULO VIII
Mi tío nos habla de la reencarnación.

En nuestro siguiente encuentro, en nuestra casa, mi padre, que estaba muy interesado en los temas espirituales, le dijo a mi tío:

- Abílio, hace poco tiempo que me interesé por el Espiritismo, y todo comenzó con los fenómenos que perturbaron nuestra vida en esta casa.

Como principiante en la ciencia espírita, hay un tema que todavía no he logrado comprender muy bien. Me refiero a la reencarnación. Entonces, me gustaría que abordaras este tema por nosotros. ¿Es posible?

- Sin duda, hermano mío. Antes que nada quiero recordar que la idea de vidas sucesivas es muy antigua. Los egipcios y los indios, dos de las culturas más antiguas de la Tierra, ya conocían la reencarnación.

El gran Platón fue un pensador griego que defendió la tesis de la reencarnación.

En uno de sus diálogos más famosos, el *Menón*, presenta a Sócrates aplicando la mayéutica para mostrar cómo un esclavo ignorante podía deducir teoremas matemáticos complejos. ¿Cómo fue eso posible? Él responde diciendo que, ciertamente, si no había aprendido esos teoremas en su vida actual, los había aprendido en otras vidas. Así, según Platón, todo aprendizaje no sería más que la memoria de conocimientos de existencias pasadas.

- Tío, usaste una expresión que no sé, le pregunté, bastante interesado en la mayéutica. ¿Qué es eso?

- Vamos a ver. Sócrates tenía un método pedagógico que consistía en hacer preguntas muy bien calificadas con las que intentaba despertar el conocimiento.

Latente en la mente de la gente, la madre de Sócrates, Fenáretes, era una partera que dice en griego clásico, *maieutria*. Sócrates se consideraba, como su madre, una partera, pero una partera de ideas. Por eso le dio ese nombre a su método.

- ¿Lo entiendes?

- Sí. Ahora lo tengo claro. Cuando el amo dijo que aplicó la mayéutica al esclavo quiere decir que le hizo preguntas. ¿Es eso?

- Eso mismo.

- Y Jesús, tío, ¿aceptó también la reencarnación? - Pregunté con creciente interés.

- Hijo mío, debo decirte que Jesús fue un reencarnacionista. No debería haber ninguna duda al respecto. En los evangelios hay muchos pasajes que dejan bastante clara la idea de la reencarnación. Uno de los que me parece más evidente es el que se encuentra en el Evangelio de Juan, capítulo 3, versos 1 al 15.

- ¿Qué pasaje es este? - Preguntó mi padre.

- Este es el encuentro entre Jesús y Nicodemo.

- ¿Quién era Nicodemo? - Cuestioné.

- Era uno de los hombres más sabios de Israel. Conocía como pocos la historia de Israel y la Torá o ley mosaica. Además, sabía hebreo, arameo y, muy probablemente, griego y latín.

Entonces sucedió que Nicodemo, al enterarse de un nuevo predicador que además de predicar hacía cosas maravillosas como: devolver la vista a los ciegos, limpiar leprosos, expulsar espíritus malignos, decidió hablar con él. El deseo de Nicodemo fue satisfecho y así se produjo el encuentro entre el anciano judío sabio y el Cordero de Dios.

En cierto momento de esta conversación, Nicodemo preguntó a Jesús cómo debía actuar para alcanzar el Reino de los Cielos. Jesús le da la siguiente respuesta: *"De cierto, de cierto te digo, que el que no nace de nuevo, no puede ver el Reino de Dios."* Nicodemo quedó asombrado y dijo al Nazareno: "¿Cómo puede un hombre nacer siendo viejo? ¿Podrá entrar en el vientre de su madre y nacer?"

- Jesús se sorprende de la pregunta del viejo rabino y le dice: *"¿Tú eres maestro en Israel y no sabes estas cosas?"* Más adelante, Jesús insiste: *"De cierto, de cierto os digo, que el que no nace del agua y del espíritu, no puede entrar en el reino de Dios."*

- Abílio, ¿puedo interrumpirte? - Preguntó mi padre, y continuó, un día hablando con un sacerdote sobre este pasaje, me dijo que el verbo griego usado es *anothen* que puede significar nacer de nuevo o nacer de arriba, y naturalmente prefirió la segunda interpretación. Una segunda cosa que me dijo fue que en el texto, debido a la inclusión de la palabra agua en nacer del agua, había cierta referencia al bautismo que era la forma de nacer de nuevo.

- ¿Qué me dices sobre esto?

- Sin embargo, la referencia a los dos significados del verbo griego es pertinente, Nicodemo entendió nacer de nuevo como volver a la carne y no nacer de arriba.

Si admitimos que la conversación entre Jesús y Nicodemo se desarrolló en hebreo o arameo, esta ambigüedad, que solo existe en el verbo griego, desaparece.

Respecto a la segunda parte de tu pregunta, te puedo decir lo siguiente: no existe una relación directa entre nacer del agua y el bautismo. Agua, en el contexto evangélico, significa el principio material. No olvidemos que el cuerpo humano está formado por un 80% de agua. Así, nacer del agua debe entenderse como nacer de un cuerpo de carne animado por un espíritu que no deriva del cuerpo, sino que se apodera de él para otra experiencia en la carne.

- ¿Estás satisfecho, amigo?

- Sí, perfectamente.

- Entonces déjame continuar. También hay otra afirmación de Jesús sobre las vidas sucesivas que es mucho más clara que la anterior. Este pasaje se encuentra en Mateo, 17: 10 -13 y Marcos, 9: 10 -13. En este extracto, Jesús habla con los apóstoles y uno de ellos le pregunta sobre la encarnación del profeta Elías como precursor del Mesías, tesis tradicional defendida por los textos sagrados y por los escribas, intérpretes de estos textos. Jesús está de acuerdo con la tradición, pero hace un añadido muy interesante: *"Pero os digo que Elías ya vino, y no le conocieron, sino que hicieron con él lo que quisieron; de la misma manera, también el Hijo del Hombre sufrirá."* de su parte."

- El evangelista termina este pasaje diciendo: *"entonces los discípulos comprendieron que les hablaba de Juan el Bautista."* Sin embargo, en realidad el tema no era el Bautista, sino Elías, que había vivido unos 940 años antes. Así, Jesús dejó claro que Elías y Juan el Bautista eran el mismo espíritu. Por tanto, no es posible entender este pasaje de los evangelios sin el concepto de reencarnación.

- Eso es fantástico, Abilio. ¿Puedes contarnos un poco más sobre esto?

- Claro que puedo. Entendamos dos conceptos fundamentales en este caso: individualidad y personalidad. La individualidad es un espíritu y la personalidad son los diferentes roles que asume a lo largo de sus muchas vidas.

- Esto es muy parecido al actor que interpreta muchos personajes en cada una de las obras en las que trabaja. El actor es único, pero los personajes son diversos.

Di esta explicación debido a un argumento de los oponentes a la reencarnación. Dicen que Juan Bautista no era Elías porque, cuando le preguntaron si era ese profeta, Bautista respondió que no. Y, de hecho, no lo fue. En esa encarnación, interpretó el papel – Personaje - de Juan, hijo del sacerdote Zacarías e Isabel, pariente de María de Nazaret, la madre de Jesús.

Quizás si el fariseo le hubiera preguntado: si fueras Elías, quizás la respuesta hubiera sido otra. ¿Están satisfechos?

- Sí, por favor continúa.

- En este primer momento de nuestra argumentación solo nos ocupamos de las razones históricas para creer en la reencarnación, pero hay otros argumentos no menos interesantes. Examinémoslos a continuación.

La reencarnación es la idea que logra armonizar los hechos de la vida con la justicia divina. Cuando miramos atentamente a nuestro alrededor, vemos cómo las personas ocupan diferentes lugares en la sociedad. Están los ricos y poderosos que ocupan una clase normalmente llamada élite. Justo debajo aparece un grupo de personas ni muy ricas ni muy pobres cuyos ingresos les permiten vivir una vida digna y sin excesos; son parte de la clase media. Finalmente, más abajo, hay personas que viven en la pobreza e incluso en la pobreza extrema.

Ni siquiera tienen lo mínimo para una vida digna, muchas veces se alimentan de los restos que recogen de la basura y sus hijos no tienen acceso a la educación.

En esta última clase social suelen encarnar espíritus que, en otras vidas, fueron ricos y poderosos.

La primera pregunta sería: ¿quién produjo este tipo de sociedad, fue Dios o fue el hombre? Si fuera Dios, ¿no hay justicia en este tipo de sociedad donde un niño puede nacer en la élite y otro en la pobreza extrema? Si fue el hombre quien creó la sociedad desigual, y Dios permitió que fuera así, una vez más no es justo.

La respuesta que da la reencarnación a este hecho es la siguiente: Dios no hace nacer a nadie en comunidades miserables, ni como castigo ni como simple capricho.

En muchos casos, los espíritus reencarnan en la pobreza por libre elección, ya que en otra vida fueron ricos y abusaron de su dinero y poder, desperdiciando una gran oportunidad de servir y crecer. Al elegir una vida más humilde, no solo tendrán nuevas experiencias sino que también pondrán a prueba su capacidad para luchar y superar obstáculos. Las sociedades, con su cortejo de desigualdad, son creaciones humanas, pero la providencia se utiliza para el progreso de los espíritus. Otro tema es la gran cantidad de enfermos y dolencias físicas y mentales que existen en este mundo. Si nos centramos en estos dolores, veremos ciegos, paralíticos, sordomudos, leprosos, diabéticos, enfermos renales, enfermos de SIDA, locos y muchas otras formas de sufrimiento con las que entramos en contacto en nuestra vida diaria. Nuevamente nos preguntamos: ¿Por qué existen las enfermedades? ¿Por qué Dios les permite existir? Una vez más, la reencarnación puede responder a esta pregunta.

Quiero dejar muy claro que no sufrimos por el pecado de la pareja mítica Adán y Eva como creen muchos teólogos. Sufrimos porque es necesario para nuestro progreso. En un pasaje del Evangelio según Mateo, encontramos a Jesús diciendo: [...] *"Así que, si tu mano o tu pie te hacen tropezar, córtalo y échalo de ti, mejor te será entrar en la vida cojo, que tener dos manos y dos pies para ser arrojado al fuego eterno. Y si tu ojo te es ocasión de pecar, sácatelo y échalo de ti; es mejor entrar en la vida con un solo ojo que ser arrojados ambos seres al fuego del infierno."*

Este pasaje es uno de los más extraños del Evangelio, ya que Jesús nos pide que quitemos un órgano que nos servirá de piedra de tropiezo para llegar al Reino de los Cielos.

- Sabes Abílio, a mí también siempre me pareció muy extraño este pasaje - dijo mi padre.

- Sí, pero una vez más la reencarnación puede ayudarnos.

Por supuesto, Jesús no nos aconseja mutilarnos para alcanzar el reino de Dios. Así, solo nos queda una explicación posible: un órgano o sentido que ha sido causa de un obstáculo en una vida puede ser eliminado o incluso mutilado en la siguiente: el científico que utilizó su cerebro para el mal puede nacer con hidrocefalia o cualquier otra enfermedad cerebral congénita; el hombre que perdió la vista puede nacer privado de ella, las piernas que llevaron al crimen pueden atrofiarse en una dura expiación, etc.

- Abílio, ¿pueden los espíritus aceptar nacer mutilados? - Preguntó mi padre.

- Sí, si realmente quieren dar un paso adelante en el camino del progreso.

Nosotros, los encarnados, siempre pensamos que el sufrimiento es malo y el placer es bueno.

No siempre es así. Lo he dicho antes, pero insisto: una encarnación con una gran dosis de sufrimiento, bien utilizada, hará que el espíritu avance considerablemente. A mí; sin embargo, me gustaría continuar con mis argumentos a favor de la reencarnación.

- Lo siento, Abílio, pero, en realidad, mis ganas de aprender son tantas que, a veces, me vuelvo incómodo - dijo mi padre.

- No hermano, no veas cosas así, estoy aquí exactamente para ayudarte, aunque mis conocimientos son muy limitados. No dudes en preguntar cuando quieras.

- Agradecido. Muy agradecido - mi padre se lo agradeció.

- Otro aspecto de la vida humana, muy relacionado con la reencarnación, es el de los niños prodigios. Napoleón Bonaparte, desde muy joven, demostró grandes aptitudes para la guerra, llegando incluso a crear, ya siendo niño, un extraordinario método de defensa y ataque a las ciudades, algo muy difícil de imaginar para un niño. Otro caso destacable es el de Jacques Chrichton, todo un fenómeno en el aprendizaje de idiomas. Nacido en Escocia, este chico, de apenas 15 años, era capaz de argumentar en latín, griego, hebreo y árabe sobre cualquier tema.

Este joven obtuvo su maestría a los 14 años. Estos ejemplos se pueden multiplicar y no son pocos.

- Disculpa, pero tengo una curiosidad sobre un personaje que mencionaste - interrumpió mi padre.

- ¿Qué personaje?

-Napoleón Bonaparte.

- ¿Qué quieres saber sobre él?

- Un conocido mío, que es espírita, me dijo una vez que Alejandro Magno, Julio César y Napoleón eran el mismo espíritu. ¿Es verdad?

- Te dije que mis conocimientos son muy limitados.

- Confieso que no tengo una respuesta preparada para tu pregunta.

Quisiera aprovechar esta oportunidad para hacer una observación.

Las personas que creen en la reencarnación a menudo están preocupadas por quiénes fueron y no les preocupa quiénes son, y lo que somos y hacemos hoy es lo que realmente importa.

- Creo que tienes razón - dijo mi tío, algo avergonzado.

- Hermano mío, yo también quiero hacerte una pregunta. Me gustaría hablar sobre el olvido de vidas pasadas. Me parece que si recordáramos vidas pasadas, sería más fácil corregirnos en vidas futuras.

- Esto es un gran error. En primer lugar, Dios lo estableció así y, si lo hizo, es porque es lo mejor para los espíritus. En segundo lugar, esta memoria nos causaría grandes problemas, especialmente en los reencuentros entre víctimas y victimarios cuyo objetivo sería reciclar sentimientos hostiles y ejercitar el perdón. Ahora bien, si la víctima recordara a su torturador, no se acercaría a él ni, tal vez, intentaría vengarse. En tercer lugar hermano mío, no es fácil lidiar con la culpa de una sola vida, ¿imagínate si tuviéramos dentro de nosotros la culpa de muchas vidas? Tengan la seguridad, entonces, que el telón del olvido que cae sobre nuestras vidas pasadas es una bendición divina.

- Sin duda. No había visto este problema desde esa perspectiva – dijo mi madre -. Sin embargo, hay algo que puede ayudar a los espíritus curiosos a descubrir algo de sus vidas pasadas. Esto es lo que yo llamo ventanas al pasado.

- Si miramos a través de estas ventanas, no sabremos quiénes fuimos en vidas anteriores, pero tendremos pistas, a veces buenas pistas.

- ¿Y qué ventanas son esas? - Pregunté muy interesado sobre ese apasionante tema.

- Vamos a conocerlos. Al primero de ellos se le podría llamar autoanálisis.

Examina tus defectos morales más graves como: vanidad, orgullo, egoísmo, insensibilidad, soberbia, entre otros. Es probable que hayas reencarnado con el propósito de eliminarlos; observa tus vocaciones a la vida artística, religiosa, intelectual o incluso a una vida frívola y rebelde.

En cuanto al posible lugar de nacimiento, comprueba si aprecias un país mucho más que otros, si te resultó fácil aprender un determinado idioma, si quieres conocer ese país que tanto te gusta y si tienes ya experimentaste lo que sentiste cuando estuviste allí. Tus sentimientos hacia un país en particular pueden ser indicadores poderosos de una vida vivida en un lugar en particular.

Otra ventana son los sueños, especialmente los recurrentes o repetidos.

Muchos de ellos son recuerdos de vidas pasadas. En ocasiones, espíritus amigos hacen que la persona encarnada recuerde, en sueños, ciertos aspectos de su vida pasada para que no cometa los mismos errores en su vida presente.

También existen sueños de este tipo cuya finalidad es recordar al encarnado las tareas que debería realizar en la Tierra, y se está desviando de ellos.

Otra forma de rescatar el pasado es el *déjà vu* o la sensación de lo ya visto.

En este caso, la persona, al acudir a un lugar en el que no había estado antes, es capaz de reconocer no solo el lugar sino también sus detalles. Hay sensaciones de este tipo tan fuertes que no hay otra manera de explicar este conocimiento que a través de la reencarnación. Para finalizar me gustaría hablarles un poco sobre la TVP o teorías de vidas pasadas.

    - He oído hablar de eso, pero realmente no sé qué es - dijo mi madre.

    - A ver si me explico. En sus estudios sobre la histeria, Freud descubrió que los síntomas de sus pacientes se debían a traumas - lesiones psíquicas - ocurridos en su infancia y que eran de naturaleza sexual.

Estos traumas habrían sido reprimidos, pero no eliminados. Así, al traer a la vida consciente el material inconsciente reprimido, los síntomas terminaron.

El método utilizado para traer a la vida consciente este material enfermizo fue la hipnosis. Freud; sin embargo, por ser mal hipnotizador - según dicen - abandonó este método, prefiriendo la asociación de ideas, que empezó a utilizarse habitualmente en el psicoanálisis.

Más tarde, algunos investigadores más atrevidos comenzaron a admitir que el trauma que provocó el síntoma podría ocurrir en otra vida. Así surgieron las terapias de TVP o de vidas pasadas que utilizan el método RDM - regresión de memoria. Así, a través de la hipnosis, se hace que un individuo regrese a una vida pasada - o a más de una - con el objetivo de descubrir el trauma original del síntoma. Les daré un ejemplo para aclarar este asunto.

En un libro escrito por Judith Johnstone y Glenn Willinston llamado *En busca de vidas pasadas*. Hay una historia muy interesante sobre una niña de 14 años llamada Linda. Estaba aterrorizada cada vez que en la clase de gimnasia una pelota se le acercaba. En deportes como el bádminton o el tenis no podía atrapar una pelota ni devolvérsela a su compañero de juego.

La niña tenía tanto miedo a los proyectiles de cualquier tipo que le impidieron participar en las clases de educación física. Los directores del colegio al que asistía, aunque entendían su situación, aconsejaron a los padres de la niña buscar ayuda profesional para su hija.

Así recibió uno de los autores del libro en su despacho a la niña y a sus padres. Sometida a una regresión de la memoria, la niña se encontró en una sala de juicio, siendo acusada de brujería. Su nombre entonces era Elisabeth Bradley. Oye a los jueces condenarla a muerte en la horca y se indigna. Ella no era una bruja, una vecina había conspirado contra ella por envidia y celos.

No, no iba a morir. Haciendo acopio de fuerzas, logró escapar de la corte.

Una gran multitud la persigue llamándola bruja, ella corre hasta que no puede correr y cae exhausta al borde de un lago.

Sus perseguidores la alcanzan y le arrojan piedras.

En la lapidación participan hombres, mujeres y niños. Ella siente cada golpe en su cuerpo.

Hasta que una piedra más grande le golpea la cabeza y muere. Ve su propio cuerpo aplastado contra las rocas, pero se siente libre. Ve que la gente se lleva su cuerpo, pero no tiene ningún interés en ello.

A partir de ese momento, Judith, la psicóloga, trabaja con este material que llegó a la conciencia de Linda y, al poco tiempo, pierde el miedo a los proyectiles y regresa a su antigua escuela donde se convierte en una excelente estudiante de educación física.

Creo que eso es todo lo que puedo decirte sobre la reencarnación por el momento.

En cuanto a ti Augusto. Si quieres saber más sobre el tema, te recomiendo un libro muy interesante llamado *Veinte casos sugestivos de reencarnación*, escrito por el Dr. Stevenson. Se trata de una de las mejores obras sobre el tema, escrita fuera del ambiente espírita.

- Muchas gracias Abílio, buscaré este libro.

CAPÍTULO IX
Una conversación muy interesante.

Las visitas de mi tío a nuestra casa eran muy importantes para nuestra familia, porque servían para reunir a aquellas personas interesantes y generosas que estaban alejadas de nosotros, Abílio y su esposa. Definitivamente mi padre construyó el concepto de la Doctrina de los Espíritus y yo mismo aprendí a conocer mejor a mi tío y a tenerle un gran respeto. Así empezó a visitarnos con más frecuencia, fuera de las visitas semanales de los miércoles donde íbamos al Centro para las sesiones. En una de estas visitas, cuando estábamos en la sala conversando, mi tío le preguntó a mi padre:

- Augusto, ¿estás leyendo *El Libro de los Espíritus*?

- Sí.

- ¿Te está gustando?

- Bastante. No sabía que el Espiritismo científico era algo tan interesante.

- Augusto, acabas de usar una expresión que sería bueno reflexionar un poco sobre ello.

- ¿Cuál?

- Espiritismo científico.

- Escucho a mucha gente decir eso.

- Yo también lo escucho normalmente, pero es una expresión totalmente equivocada.

- Admitir la existencia de un Espiritismo científico es admitir también la existencia de un Espiritismo no científico y ahí está la cuestión.

- No entiendo, Abilio.

- Intentaré ser más claro. La Doctrina Espírita es una estructura que se sustenta en tres pilares: Ciencia, Filosofía y Religión. Sin embargo, estos no son compartimentos separados, sino de tres elementos que forman una síntesis y de tal manera que ninguno de ellos es superior al otro, sino complementarios. Así, ser científico no es una diferencia esencial entre el Espiritismo y otras doctrinas, sino un componente inherente a nuestra doctrina.

- Entiendo. Pero, ¿por qué la gente habla así? - Insistió mi padre.

Mi tío se detuvo un momento para beber un poco del té que mi madre había servido. Luego, colocando la taza sobre el platillo y pasándose cortésmente la punta del pañuelo por los labios, habló en su forma habitual.

- Es una larga historia. A principios de siglo, la Iglesia católica estaba muy preocupada por el avance de la Doctrina de los Espíritus, y una forma de desacreditarla era asociarla a la religión de los negros, que en aquella época aun no se llamaba Umbanda, sino batuque, brujería y era considerado una superstición de los esclavos en los cuartos de esclavos.

- Como resultado, los propios espíritas crearon expresiones que no eran muy felices, como: Alto y Bajo Espiritismo; Espiritismo de Mesa y Terreiro; Línea blanca Espiritismo y Espiritismo científico con el objetivo de hacer distinción entre Espiritismo y religión afrobrasileña. Así, Africanismo y Espiritismo fueron colocados en el mismo saco con solo diferencia en particularidades como magia negra y magia blanca - baja y alta -; ubicación de las sesiones – terreiro y mesa -; guía mágica - línea negra y línea blanca -; método de estudio - científico y no científico - y similares.

Esta terminología no puede ser aceptada por los espíritas contemporáneos.

Solo existe una forma de Espiritismo: la Doctrina codificada por Allan Kardec en la segunda mitad del siglo XIX. Lo que no se derive de los cinco libros de la Codificación puede ser cualquier cosa, incluso algo respetable, pero no será Espiritismo.

- Muy interesante. Ya que estamos en un momento de esclarecimiento para las personas que, como yo, todavía no conocen el Espiritismo, quisiera hacerte otra pregunta - preguntó mi padre.

- Ponte cómodo, Augusto - dijo mi tío con simpatía.

- Muy bien. Entonces, dime una cosa: ¿es lo mismo llamarse espiritista que llamarse espírita?

- Esta es una pregunta interesante, pero de entrada debemos saber lo siguiente: todos los espíritas son espiritistas, pero no todos los espíritas son espiritistas.

- ¿Qué quieres decir con eso, tío? - Pregunté.

- Hijo mío, tomemos tres palabras: materialista, espiritista y espírita.

- El primero de ellos está formado por Materia Alística y significa: doctrina que defiende un monismo material: es decir, la materia como único elemento existente en la realidad objetiva o de forma aun más sencilla: creer solo en la materia; el Espiritismo se forma a partir del Spiritus alista, creencia que defiende un dualismo formado por materia – cuerpo - espíritu y que se opone al Materialismo; la tercera palabra, espírita, se forma a partir del Espiritismo y tiene un significado cercano al de Espiritismo; sin embargo, va más allá y defiende las tesis de vidas sucesivas, la comunicación de los espíritus y la pluralidad de mundos poblados.

- Estas tesis no son aceptadas por las religiones tradicionales, ¿verdad? - Dijo mi padre.

- De hecho. Estos tres aspectos son característicos solo de la Doctrina Espírita.

- ¿No son dogmáticas estas opiniones? - Preguntó mi padre.

- No. Los dogmas son opiniones impuestas por las iglesias y las creencias espíritas son verdades que surgen de la observación de los hechos, tanto es así que Allan Kardec llegó a decir que el Espiritismo no puede oponerse a los hechos, en un caso de choque entre la verdad espírita y el hecho real y concreto permanece con el hecho.

- Abílio - comentó mi madre - un amigo mío católico me dijo una vez que los espíritas no creen en Dios. ¿Eso es un hecho?

- Por supuesto que no, pero en ese caso debemos hacer algunas observaciones.

Debes conocer muy bien el credo católico.

- Sí, lo conozco de memoria – dijo mi madre.

- Pues bien. El credo o símbolo de los apóstoles es un conjunto de afirmaciones que todo católico debe respetar como máxima expresión de la verdad de su religión.

El credo católico afirma que Dios es el creador de todas las cosas y que está sentado en el cielo con Jesucristo, su único hijo, a su diestra.

Para nosotros los espíritas, Dios no puede estar sentado ya que el acto de sentarse es propio del ser humano y tampoco creemos que Jesús esté sentado a su lado y mucho menos que sea su único hijo. Si no creemos en esto, para un católico estamos equivocados y no creemos en Dios, porque creemos en el dios en el que él cree.

- Sí, claro - dijo mi madre.

- Rosa, en verdad, Dios es un concepto, es un producto del lenguaje. De esta manera, habrá tantos conceptos de Dios como doctrinas que se refieran a él.

- ¿Existe entonces una concepción espírita de la divinidad? - Mi padre volvió a participar.

- Sí existe. Y este concepto se encuentra en *El Libro de los Espíritus.*

Augusto, tú que estás leyendo este libro, ¿recuerdas la definición de Dios que está en la pregunta número uno?

- Sí, porque era un tema que me interesaba mucho. La pregunta: ¿Qué es Dios?

- Se da la siguiente respuesta: Dios es la Inteligencia Universal, la causa primera de todas las cosas.

- Felicitaciones, Augusto, así es - elogió a mi tío Abílio.

- Muchas gracias Abílio, me estoy tomando en serio mi estudio.

- Eso es muy bueno. Sin embargo, ¿notaste algo en la pregunta qué es Dios?

- No. Confieso que no. ¿Qué esperabas que notara? - Dijo papá.

- El pronombre eso y no el pronombre quién.

- ¿Y hace alguna diferencia? - Mi madre quería saber.

- Mucho. Reparen bien. El pronombre qué es un interrogativo neutral y por lo tanto es usado para cosas, en frases como: ¿qué es eso? ¿Qué pájaro es ese? ¿De qué roca estás hablando? El pronombre quién, a su vez, se usa para personas en oraciones como ésta: ¿Quién es el invitado? ¿Quién escribió este libro? ¿Quién está viendo la televisión?

- Todavía no entiendo a qué te refieres, tío – Dije un poco confundido por lo que escuché.

- Tranquilo, piensa conmigo, si la pregunta de Allan Kardec fuera quién es Dios, estaría antropomorfizando la divinidad: es decir, dándole cualidades humanas. Usando el pronombre neutro qué, nos dice que Dios no es como nosotros, sino una inteligencia que todo lo abarca y de la cual derivan todas las cosas.

Mi tío sonrió como si estuviera satisfecho con su propia conclusión.

Mi padre, cada vez más conmovido por el tema, dijo:

- Abílio, me gustaría pedirte disculpas.

- Perdón, ¿por qué, Augusto?

- Por la forma intransigente y prejuiciosa en la que te traté todo este tiempo.

- No te preocupes por eso. Yo también tuve mi parte de culpa en nuestra relación.

- ¿Tú?

- Sí. Cuando me di cuenta que me veías de manera antipática, me alejé con el argumento que sería mejor para los dos y me equivoqué en eso.

Debí ser más humilde y acercarme más a ti; sin embargo, por orgullo no lo hice. Pero dejemos estas cosas atrás.

- Es como decían los antiguos: "El agua bajo el puente no hace girar los molinos."

- A partir de ahora se rompieron todas las barreras que existían entre nosotros.

- Espero en Dios que incluso llegues a ser espírita.

- Quizás eso no esté muy lejos. Por cierto, dime algo.

- Siéntete cómodo.

- Dime, ¿se codificó toda la obra de Allan Kardec?

- No. También publicó un opúsculo llamado *Qué es el Espiritismo*, una obra propedéutica para el espírita principiante y *Una Revista Espírita*, que publicado en Brasil, dio origen a un conjunto de diez libros, si no me equivoco.

- ¡Guau! ¡Qué memoria tienes, Abílio! - Exclamó mi padre asombrado.

- No se trata de tener buena memoria, sino de repetir estas cosas. Hablo tanto de ellos que acabaron incorporándose a mi memoria.

- ¿Llegaré allí algún día? - Bromeó mi padre.

- Depende de ti, amigo mío.

- ¿Puedo hacerte una pregunta más? Es la última por hoy, lo prometo.

- Claro que puedes. Y sepan que es para mí un gran placer responder a las preguntas que me hacen.

- Es la siguiente. ¿Crees realmente en la comunicación espiritual?

- Sí, y tú también lo creerás si lees atentamente *El Libro de los Médiums*.

- Te explicaré por qué hice esta pregunta. Cada vez que hablaba con sacerdotes y con mis amigos materialistas sobre hechos mediúmnicos, siempre me decían que la mediumnidad sería un conjunto de trucos y engaños que se asemejaban a los trucos de prestidigitación y de los magos de circo.
¿Qué me puedes decir acerca de esto?

- Inicialmente, no puedo negar que la mediumnidad es algo que muy fácilmente puede usarse para realizar engaños, y muchos médiums poderosos como Eusápia Pladino, Carlos Mirabelli, Eva Carriere, entre muchos otros, han sido acusados de fraude; sin embargo, el hecho que un médium sea sorprendido en fraude no elimina su trabajo en su conjunto.

- ¿Por qué los médiums hacen trampa? - Preguntó mi padre.

- Porque son seres humanos. Ésta es la primera razón. El segundo es el hecho que el mal uso de la mediumnidad puede ser revocado por la espiritualidad mayor y, finalmente, porque el médium no es dueño de los fenómenos que le suceden.

- El teléfono suena de allá para acá y no de aquí para allá. Así, en lugares donde hay médiums profesionales remunerados, como ocurre en Estados Unidos, la gente paga para obtener el fenómeno que desea, y el médium, si no puede conseguirlo con sus recursos mediúmnicos, puede simular la comunicación para satisfacer la demanda del cliente y justificar el pago.

- ¡Muy interesante! - Exclamó mi padre.

- Mucho. Por eso escuché a alguien decir que lo menos importante en el Espiritismo es recibir espíritus. En verdad, conocemos a un verdadero espírita por su transformación moral y el esfuerzo que hace en esa dirección.

- Cuñado, quisiera recordarte algo que considero fundamental.

-¿De qué se trata esto?

- El Espiritismo, amigo mío, no pretende proporcionar al hombre condiciones materiales para la vida, no es una religión de resultados, sino un discurso religioso que busca explicar la realidad desde un punto de vista espiritual o, si se prefiere, metafísico. Con ello, nuestra doctrina busca la reforma íntima, la modificación de los caracteres y el establecimiento de un proyecto moral cuyo objetivo es llevarnos a mundos mayores.

- Esto es muy interesante…

- No solo. Es algo básico que todo espiritualista debe conocer y poner en práctica.

- ¡Abílio, estoy asombrado! ¡Cómo tenía una idea equivocada sobre el Espiritismo!

- No solo tú, Augusto, hay mucha gente buena y correcta que por falta de información piensa como tú.

- Una vez más te estoy agradecido, Abílio, muy agradecido por cierto.

- No agradezcas a mí, Augusto, sino a Cristo, porque fue él quien tocó tu corazón. Yo fui un mero instrumento para esto y nada más.

CAPÍTULO X
Un actor perdido en el tiempo

Quedé muy satisfecho con el giro de los acontecimientos, ya que había notado la marcada mejoría de mi padre, no solo por su aceptación de las ideas espíritas, sino también por su mejora como ser humano. Se había vuelto más comprensivo.

Ahora podía hablar de Dios con casi naturalidad ya que, en el pasado, al considerarse ateo, éste era para él un nombre impronunciable. Una mañana, a la hora del desayuno, nos habló de sus cambios.

- Saben, algo me está pasando.

- ¿Algo bueno o malo? - Preguntó mi madre con curiosidad.

- Creo que es algo muy bueno.

-¿Qué es esto? - Preguntó mi madre.

- Éste es mi encuentro con el Espiritismo. Lo único que lamento es que me haya tomado tanto tiempo encontrar esta maravillosa Doctrina. Es sorprendente cómo nuestros prejuicios impiden nuestro progreso.
Ahora que he adquirido estas nuevas aclaraciones, no quiero perder más tiempo.

Mi padre dijo algunas cosas y finalmente se levantó de la mesa y se puso a trabajar. Me alegré de escuchar esas palabras de él, ya que indicaban un cambio cualitativo que hacía de mi padre una nueva persona.

Esa semana transcurrió pacíficamente, salvo una cosa que pasó el martes. Cuando mi hermana Cristina estaba muy silenciosa mirando a una esquina de la pared. Le pregunté qué estaba pasando y ella respondió:

- Alviño hay un hombre en la esquina mirándonos. Él es raro.

- ¿Qué raro, Anita?

- Su ropa no se parece a la nuestra y tiene la cara toda pintada.

Entendí que era un espíritu desencarnado y, como me había enseñado mi tío Abílio, cerré los ojos y pedí a los buenos espíritus que ayudaran a ese hermano. Después de unos segundos le pregunté a mi hermana:

- ¿El hombre sigue en el mismo lugar, Anita?

- No. Se fue.

Al día siguiente, miércoles, estando en la reunión de Ernesto Bozzano, mi tío hizo la invocación y, poco después, escuchamos una voz masculina hablando a través del señor Paulo Meneses.

- ¡No debería estar aquí! ¡No debería haberlo hecho!

- Te llamamos aquí, hermano - dijo mi tío Abílio.

- No puedo estar aquí ahora. Debo ir a casa de Lisânias, que es mi liturgista. Esta semana representaremos a Agamenón, de Esquilo. Yo tomé el papel principal.

- Hermano mío, estás en el siglo XXI y no en la Antigua Grecia.

- No sé qué es el siglo XXI. Esto no tiene ningún sentido. Lo que sé es que venía de la casa de Céfalo, donde asistí a una conversación con un notable sofista, un tal Sócrates de la demostración de Alopeke. Habla muy bien y con eso engaña a todos.

A Aristófanes no le agrada e incluso compuso una comedia para satirizarlo.

El nombre, si no me equivoco, era *Las Nubes,* fue un éxito, lo vi yo mismo y casi me parto de la risa.

- Hermano mío, insisto, ya no vives en la Antigua Grecia. Has vivido, pero fue hace mucho tiempo.

- Espera, ¿qué clase de sofista eres? ¿Qué conversación es esta? Como no vivo en Atenas. No solo vivo aquí, nací y crecí aquí. Suenas como ese Sócrates que hace que lo correcto parezca incorrecto y lo incorrecto parezca correcto. ¿Sabes que este tal Sócrates va a estar en problemas? Hay mucha gente en la ciudad que lo odia, especialmente Ânito y Méletos.

- Amigo mío - insistió mi tío, mira a tu alrededor y mira si este lugar se parece a alguna casa griega que hayas visto.

- No. No lo parece.

- Entonces si no lo parece, te equivocas al decir que estás en Grecia.

- Esto es una artimaña. Por supuesto que estoy en Grecia. ¡Por Hércules lo estoy!
Voy a salir de aquí y hablar con mi jefe.

- ¿Quién es tu jefe? - Preguntó mi tío.

- Mi jefe es muy poderoso. Me dijo que viniera aquí y me quedara aquí y cuidara sus cosas.

- ¿De qué te estás ocupando?

- No sé muy bien.

- Amigo mío, ¿sabes que estás en una condición diferente?

- ¿Diferente? ¿Qué es eso?

- Eso significa que no estás aquí entre nosotros.

- ¡Estás diciendo que estoy muerto! Eso es lo que no soy. Si estuviera muerto, estaría en el Hades. Y si hubiera estado en el Hades, habría viajado en la barca de Caronte, habría visto a Cerbero, el terrible perro de tres cabezas. No vi nada de eso. Nada ha cambiado para mí. Sigo caminando por la ciudad de Atenas y me siento muy bien.

¿Quieres saber algo? No me quedaré más aquí. Me voy.

Después de decir estas palabras, el médium se estremeció levemente. En ese mismo momento, la hermana Letícia habló a través de mi tía Hortencia. El espíritu, después de saludarnos a todos, nos habló explicándonos la comunicación anterior.

- Hermanos míos, acaban de ver algo que no es muy común, que sucede con ciertos espíritus, aunque para aquellos encarnados que no estudian la vida espiritual parece algo fantástico y hasta fuera de lugar. El espíritu con el que entraron en contacto, justo ahora, sufre una especie de parálisis psíquica.

Es como si se hubiera detenido en el tiempo, en una de sus encarnaciones en la Antigua Grecia. Vive emocionalmente en esa fase histórica y su mente se llena de viejas imágenes de las que no puede liberarse.

- Hermana, esta persona a la que llama su jefe o Arconte parece tener poder sobre él, gran fascinación - dijo el Dr. Ramalho.

- No tengas duda. Que el espíritu endurecido en el mal ejerce un gran poder hipnótico sobre estos espíritus débiles y enfermos. El que llama Arconte es el líder de la falange obsesiva que hay en esa casa.

- ¿Quién es este espíritu?

- Lo sabrás a su debido tiempo.

- ¿Y qué podemos hacer por este espíritu?

- No mucho, aparte de rezar. Después de esta manifestación, estoy segura que será llevado a uno de nuestros hospitales psiquiátricos, donde médicos espirituales competentes lo descondicionarán. No hace mucho vino a nosotros un espíritu muy amigo a interceder por él y sus súplicas fueron escuchadas.

- Hermana mía, lo poco que he estudiado sobre la vida espiritual me ha revelado que un espíritu solo puede ser ayudado si pide ayuda a los espíritus superiores y si la merece. En ese caso, ¿no habría ayuda obligatoria para este espíritu?

- En cierto modo, sí. Su caso es muy interesante. En esta última encarnación en Hellas, no era una mala persona. Él está en esta situación no como castigo por algo negativo que haya hecho, sino porque enfermó después de fallecer.

- ¿Qué tan enfermo? - Mi padre volvió a preguntar.

- Amaba tanto su vida en la Antigua Grecia como actor que decidió negarse a sí mismo y perderla. Se trataba entonces de vivir en una comunidad espiritual habitada por espíritus de Grecia. Hay varias ciudades griegas como Esparta, Atenas, Corinto y Tebas, son proyecciones ideoplásticas. Y así encontró el lugar adecuado para alimentar sus fantasías.

- Hay algo muy extraño en esta historia, hermana mía - dijo mi padre.

- ¿De qué se trata? – La hermana Letícia quiso saberlo.

- Tiempo. Está a más de dos mil años de distancia de nosotros.

- Es cierto; sin embargo, debo dejarte claro que la noción de tiempo en el mundo material no es la misma que la que tenemos en el mundo espiritual.

En general, el espíritu desencarnado, víctima de la perturbación, pierde el sentido del tiempo y del espacio. En muchos castillos ingleses y en la Torre de Londres hay personajes históricos desencarnado que rondan esos lugares y han sido vistos por muchas personas, llamadas médiums psíquicos. Muchos de estos espíritus llevan más de mil años atrapados en estos lugares.

La hermana Letícia dejó de hablar por un momento, mientras meditábamos lo que nos había dicho. De hecho, en términos de conocimiento del mundo espiritual todavía estábamos en el jardín de infancia. Es cierto que el Espiritismo nos abrió las ventanas de la espiritualidad, lo que nos permitió ver un poco más allá de lo que veíamos antes de su surgimiento en el siglo XIX; sin embargo, la Doctrina de los Espíritus nos trajo solo lo que podíamos soportar en el nivel actual de nuestro conocimiento. Todavía estaba inmerso en estos pensamientos cuando la hermana Letícia volvió a hablar:

- Como ven, nuestra tarea es ardua, pues hay muchos espíritus sufrientes que necesitan de nuestra ayuda y, sobre todo, de nuestra comprensión. No desmayemos, por tanto, confiemos en Jesús y sigamos con esta obra.

CAPÍTULO XI
El diablo y el Espiritismo

Un domingo por la tarde, cuando el tío Abílio vino a visitarnos, el tema no era otro: el Espiritismo. Mi padre, cada vez más emocionado, dijo:

- Abílio, cuando no sabía nada del Espiritismo, un amigo me regaló un libro llamado *El Espiritismo en Brasil*, escrito por un sacerdote llamado Boaventura Kloppenburg.

- Conozco este libro - mi tío observó -. Escribió otro, *Umbanda en el Brasil*.

- Pues bien. Leí toda esta obra, de principio a fin, y noté que se trataba de un ataque, muchas veces crudo, al Espiritismo. En él, el sacerdote dice que la mayoría de los fenómenos llamados mediúmnicos son causados por la acción del diablo. ¿Podrías contarnos un poco sobre el diablo y el Espiritismo?

- Este es un tema largo.

- Tenemos la tarde y la noche para escucharte.

- Está bien. Por suerte acabo de escribir un libro titulado *Dios y el diablo según el Espiritismo*.

- Genial, tío. ¿Vas a publicarlo? - Pregunté.

- No sé. Solo depende de encontrar un editor. Por suerte para nosotros, los originales están en el coche. Alviño, sal afuera y saca del baúl del auto un pequeño libro encuadernado en espiral, parecido a un cuaderno o un cuadernillo. Está dentro de mi carpeta.

- Está bien, tío, enseguida estaré allí.

Fui al auto, tomé el libro y se lo entregué a mi tío, quien me agradeció y nos contó.

- Listo. Si me falla la memoria, tengo el libro que me respalda. Veamos este tema que a veces causa tanta controversia en el mundo religioso.

Para la teología católico - protestante, la existencia del diablo es necesaria para explicar cómo, en un mundo creado y gobernado por un Dios Bueno y Justo, el mal existe. No voy a escudriñar las sutilezas propias de los teólogos.

Me dedicaré a examinar, en primer lugar, la concepción del diablo en el imaginario popular. Empecemos por su nombre.

En el folklore europeo, el diablo aparece con diferentes nombres. El *Démon* francés, el *Dívolo* italiano, el *Diablo* español, el *Devil* inglés son términos que pueden designar al príncipe de las tinieblas. En la literatura apocalíptica, el diablo se llama Satán, Belial y Belcebú, cuyos personajes y funciones son a veces independientes.

En el folklore y la literatura medieval surgen algunas distinciones de jerarquía, por ejemplo, Lucifer es el príncipe del mal, el gran rebelde y Satanás y otros demonios menores son sus sirvientes. En general; sin embargo, esta diferencia es rechazada por la Teología, que parece defender la tesis que Satanás y Lucifer son una sola persona; finalmente, en la tradición gnóstica aparecen nombres como: Satán, Satanael, Abatón, Asmodeo, Trifón y Sabathai.

Existe una idea bastante extendida que el nombre es la cosa.

Esta concepción es muy antigua, y es por ella que, en el decálogo, estaba prohibido pronunciar el santo nombre de Dios en vano, porque, si trivializamos el nombre, terminamos también trivializando lo que representa.

A esto lo llamo vaciamiento semántico.

Algo muy parecido ocurre con respecto a los tabúes lingüísticos.

Hay palabras que están cargadas de energía negativa y por tanto conviene evitarlas. Por eso, el diablo tiene una gran cantidad de nombres eufemísticos como: Diacho, Dianho, Diego, Demo,

Cramulão, Capeta, Cão, Tinhoso, Zarolho, Canhoto, Tisnado, el Negro, el Niño, el Compadre, el Cojo, el Triste, el Viejo, el Jugador, el Solitario, el Tembá, el Azarepe, el Canha Duba, el Dubá, Mafarro, Mafarrico, Galhardo, el Hombre, el Renegado, el Pato, el Cualquiera - digamos, Cosa Mala, el Serpiente Vieja, entre otros nombres.

Como saben, el diablo también es un personaje bíblico. Veamos con qué nombres aparece en los evangelios. El primero es Satán o Satanás.

Esta palabra se dice en hebreo Satanás y en arameo Sitina. Su significado es el de un adversario, un oponente, una persona que se opone a los proyectos de otro.

- En griego, se transliteró como Satanás. En la confesión de Pedro (Marcos, 8: 27 -33 y Mateo, 16: 13 -23) Jesús, hablando con los apóstoles, les dice que sería necesario que el Hijo del Hombre sufriera mucho, fuera rechazado por los poderosos y, finalmente, muerto. Pedro, escandalizado, reprende a Jesús por hablar así:

- Pero él, volviéndose, miró a los discípulos, reprendiendo a Pedro diciendo:

- *Apártate de mí, Satanás, porque no entiendes las cosas que son de Dios, sino las que son de los hombres.*

- En este extracto, Jesús usó la palabra Satanás con el significado del que hablamos hace un momento. Pedro, por desconocimiento del plan divino, intenta impedir que Jesús cumpla su misión; por lo tanto, se opone a las pretensiones del Maestro, de ahí el término Satanás que Cristo le aplicó.

El segundo término es Diablo. Y está relacionado con otras tres palabras griegas: 1ª. el verbo *diaballo,* formado por el prefijo *dia* que significa separación en dos o más direcciones, y *bailo* cuyo significado es tirar, tirar, tirar. 2ª. El sustantivo *diabolé* - es que significa desunión, calumnia. Por eso en la tradición occidental se le llama el Calumniador, el Intriga, el Padre de la Mentira, etc. 3ª. El adjetivo *diabalo*, que se traduce como El Provocador, el que provoca o produce divisiones.

Estas palabras, por supuesto, no se aplicaron solo al diablo, sino que fueron palabras de uso común, como en nuestro idioma.

A continuación, examinemos otra palabra: Lucifer. Este nombre, con el que solemos designar al Espíritu del Mal, deriva del adjetivo latino *luci -fer -feraferum* y significa luminoso, el que trae la luz, el que lleva la antorcha. Lucifer - *eri*, en latín, era el nombre que recibía el planeta Venus con el nombre de estrella *Dalva,* debido a que aparecía al amanecer como si trajera la luz del día - la aurora o alba.

La siguiente palabra la conocemos bien. Me refiero al demonio.

Esta es una palabra que no se puede confundir con las anteriores. Cuando los griegos usaban el sustantivo *daimon - onus* solo se referían a un espíritu desencarnado. Un *daimon* podría ser un espíritu guía, un espíritu familiar o un espíritu obsesivo. Los verbos griegos *dairno -nizomai y daimono* expresan la acción de recibir un espíritu o ser poseído por una persona desencarnada.

Sin embargo, existen otros usos del término. Platón, en Crátilo, utiliza *daimonios* asociados a Sofía, con la idea de la sabiduría divina. Heródoto (Historia IV: 126 y VII: 48) utiliza el término como determinante de la palabra hombre, indicando una persona excelente.

En los Evangelios, cuando aparece este término, hay que traducirlo como espíritu impuro, imperfecto u obsesivo.

Ahora veamos un término al que yo tenía mucho miedo cuando era niño y que la gente evitaba decir: *Belcebú*. El nombre *Beelzebub* difiere ligeramente de *Baalzebub*, dios de Acarón. El texto griego señala a *Belcebú*. La explicación razonable para esta diferencia es que los judíos, para burlarse de los acaronitas y de su dios, convirtieron la palabra *zebub*, mosca, en *sibbul* o seto, que significa estiércol. Pero así como la palabra *zebul* significa morada, *Baalzebub* significaba el Señor de la morada. En segundo lugar; sin embargo, la idea que mi dios es verdadero y su dios es falso o es el diablo, *Baalzbub* se convirtió en uno de los príncipes del infierno.

Por extraño que parezca, el diablo suele aparecer asociado o disfrazado en determinados animales. Al diablo se le suele asociar con: La serpiente, el mono, el murciélago, el gato, el oso, la cabra, el león, el perro, el cuervo, el gallo, la cabra, el ganso, la mosca, el gusano, el saltamontes la liebre, el zorro, la ballena, el caballo, la hiena, la rana, el búho, el carnero, la araña, el saltamontes, el escorpión, el buitre.

Para justificar las relaciones entre los animales y el diablo, separamos algunos, cuyo simbolismo podría explicar la complicidad entre ellos y la oscuridad.

La ballena

Ella es la boca enorme que todo lo devora. En el mito bíblico, fue una ballena la que se tragó al profeta Jonás cuando éste cayó al mar. En el sentido de boca voraz y saciante, representa la boca del infierno que traga a los pecadores. No debemos olvidar que, en la novela Moby - Dick de Herman Melville, la ballena es una representación del mal.

La cabra

Al igual que el carnero, la cabra es un símbolo de la fuerza genética de la naturaleza, la libido - impulso sexual - y la fecundidad. Aunque se acerca al carnero, la cabra se aleja de él porque el carnero es un animal solar, y la cabra, la mayor parte del tiempo, es un animal lunar. Por su fuerte olor, se consideraba símbolo de abominación y putrefacción. Recordemos que el diablo, tradicionalmente, tiene un fuerte olor a azufre. El diablo, dios del sexo y de todas las formas de iniquidad, encuentra en la cabra su mejor representación.

Por tanto, no es de extrañar que, en sábado, la fiesta de las brujas centrada en el culto a Satán, principio del mal, se manifieste en forma de una cabra, el *hircus noturnus* - cabra nocturna.

El caballo

Existe una creencia muy generalizada que asocia el caballo con el Mundo de los Muertos y, en consecuencia, con la Oscuridad. El caballo es el que anuncia la muerte.

Por esta razón, en el famoso libro de Artemidoro, *La clave de los sueños*, soñar con un caballo indicaría que el soñante estaría en peligro de morir.

La diosa de la fertilidad, Deméter de Arcadia, a menudo era representada con cabeza de caballo. Esta diosa solía identificarse con una de las Erinias o furias, deidades que castigaban los crímenes dentro del genos.

Las arpías, demonios de las tormentas, de la devastación y de la muerte, son triformes: mujeres, pájaros y yeguas, una de las cuales es la madre del caballo de Aquiles y, de la otra, nació el caballo de Hermes.

Arhiman, el demonio del zoroastrismo, cuando quiere matar y cargar a su víctima, toma la forma de un caballo. El caballo sigue siendo el símbolo de la sexualidad masculina, de la fuerza viril, del varón.

El perro

Se trata de un animal con un simbolismo vasto y complejo. Bajo el nombre de Cerbero y con tres cabezas, guarda las puertas del infierno, alimentándose de la médula de los muertos. Su baba venenosa es capaz de infectar una región entera.

También es el compañero de Hécate, la Diana subterránea, protectora de las brujas y patrona de las malas acciones.

La primera función mitológica del perro es la de psicopompo: es decir, conductor de las almas de los muertos. Así, el perro es el guía del hombre en la muerte como lo había sido en vida. Los cinocéfalos, monos cuya cabeza se asemeja a la de un perro, tenían, en la religión egipcia, la función de aprisionar o destruir a los enemigos de la luz.

Entre los antiguos alemanes se creía que un perro llamado Garem custodiaba la entrada a Nifhein, el Reino de los Muertos, una región cubierta de hielo y dominada por la más densa oscuridad. En las antiguas culturas mexicanas, los perros eran criados especialmente para guiar almas en el más allá, así que cuando alguien moría, un perro era enterrado con él de pelaje amarillento - color del sol - que caminaba junto al alma como Xolate, el dios perro, que acompañaba al sol cuando descendía del mundo al mundo de las sombras.

En el Islam, el perro representa lo más sórdido y vil, ya que es un animal que acarrea una gran impureza. En una tradición de Mahoma, el profeta del Islam, enseña que el recipiente donde bebía un perro debe lavarse siete veces, realizándose la primera purificación con tierra. Al profeta también se le atribuye una regla interesante: no se puede matar a un perro, excepto a los perros negros que tienen dos manchas blancas sobre los ojos, porque estos animales eran considerados la encarnación del diablo.

Por último, recordemos que, en nuestro folklore, al diablo se le llama perro y que, en muchos cuentos, aparece en la forma de un gran perro negro con ojos rojos como si estuvieran hechos de brasas. En las películas sobre satanismo, el niño Anticristo es custodiado y defendido por un perro.

El búho

El búho es, en la mitología griega, el ave perteneciente a la diosa griega Atenea, la Minerva de los romanos y, por tanto, es el símbolo del reflejo. Sin embargo, entre los aztecas, ella es el animal que representa al dios del infierno, siendo guardiana de la morada oscura de los muertos. También era un avatar de la noche y de las terribles tormentas.

Este simbolismo, por un lado, asocia al búho con el Mundo de los Muertos y, por otro, con las poderosas fuerzas de la naturaleza. En el folklore, aparece como el gato negro y la serpiente, asociados con brujas que, como sabemos, son sirvientes del diablo.

El gato

Al igual que el perro, el gato también tiene un simbolismo sumamente complejo y variado. En el folklore japonés, el gato es un animal de mal agüero.

Dicen que es capaz de matar mujeres y ocupar su lugar.

En el budismo se dice que el gato y la serpiente fueron los únicos animales que no se sintieron conmovidos por la muerte de

Buda. Esta asociación entre el gato y la serpiente hace que estos animales sean signos de pecado y abuso de las cosas materiales.

En la isla de Sumatra hay una tribu llamada Nias. Según estas personas, existe un árbol cósmico que dio origen a todas las cosas. Los muertos, para llegar al cielo, cruzan un puente bajo el cual se encuentran las profundidades del infierno. Hay un guardián parado a la puerta del cielo, que lleva consigo un escudo y una lanza. El gato le ayuda en la tarea de arrojar las almas de los réprobos al río del infierno.

También podemos añadir que en el Antiguo Egipto los gatos eran considerados deidades, hasta el punto de que, en el año 525 a.C., en la batalla de Pelusa, el ejército persa de Cambises tomó Egipto llevándose gatos que los egipcios no podían matar. Se llamaba Bastet.

La serpiente

Históricamente, la serpiente es un símbolo positivo, no negativo.

En las mitologías más antiguas está en el origen de la vida y simboliza el alma y la libido. Es un animal cósmico por excelencia. En la forma de Ananda cuyos anillos encierran el eje del mundo. En el mito griego, ella es el espíritu vivificante e inspirador, patrona de los médicos y adivinos.

La serpiente todavía mantiene relaciones con las mujeres y, en consecuencia, con los cultos a la fertilidad. Los Tcho -kwes, una tribu de Angola, suelen colocar una serpiente de madera en el lecho matrimonial para garantizar la fecundación de la mujer.

En la India, las mujeres que quieren quedar embarazadas intentan tocar una cobra, una serpiente extremadamente venenosa. Los tupí - guaraníes, en Brasil, pretenden hacer fértiles a las mujeres golpeándolas con una serpiente.

En algunas culturas, se considera que la serpiente es responsable de la menstruación, ya que esta sería el resultado de su mordedura. Esta extraña concepción aparece ya en las culturas premasdeístas de la antigua Persia. En la tradición rabínica se dice que el origen de la menstruación está en la relación entre Eva y la serpiente.

Aunque el cristianismo ha conservado su aspecto negativo y maldito de la serpiente, los textos sagrados son ambiguos al respecto, ya que la misma serpiente que quita la vida también puede prevenir la muerte. En el libro de Números leemos: Entonces Dios envió serpientes ardientes contra el pueblo, cuya mordedura mató a muchos pueblos en Israel. Entonces vino el pueblo y dijo a Moisés: "Hemos pecado al hablar contra el Señor y contra ti. Intercede ante el Señor para que quite de nosotros estas serpientes." Moisés intercedió por el pueblo y Yahweh le dijo: "Hazte una serpiente de bronce y colócala en un asta. El que sea mordido y la mire vivirá." Moisés hizo como Dios le mandó y todo el que fue mordido miró la serpiente de bronce no murió.

En la época de la Iglesia Primitiva, Jesús, que simboliza la humanidad, se presenta como una serpiente cruzada en la cruz, en clara alusión a la serpiente de bronce. En los siglos XII y XIII, en un poema místico traducido por Rémy Courmont, reaparece la mención del Cristo Serpiente.

Naturalmente; sin embargo, no es esta serpiente que mata y salva de la que se apoderó la imaginación medieval, sino la serpiente del Génesis, "el animal más astuto de la Tierra" que arrastró a Eva al pecado y con ella - o a través de ella - a Adán.

Esta es la serpiente a la que se refiere Juan, el vidente de Patmos:

El gran Dragón, la Serpiente Antigua, el llamado diablo o Satán, Seductor de toda la Tierra habitada, fue expulsado. La Serpiente fue arrojada a la tierra y sus ángeles fueron con ella.

Es a partir de aquí que la serpiente pierde sus atributos positivos y se convierte en un ser repugnante y claramente asociado a Satán. Luego se convierte en La Tentadora, responsable directa de la caída del hombre. Toda sabiduría que, en la Antigüedad, se atribuía a la serpiente, es ilusoria y peligrosa, una sabiduría falsa que lleva a la muerte, espíritu de los hombres. Alexandre Krappe, refiriéndose al mito de la serpiente, escribió:

"En la Epopeya de Gilgamesh, la serpiente roba al héroe la hierba de la inmortalidad, donada por los dioses. En Nueva Pomerania, un demonio bueno quería que las serpientes murieran y los hombres, con solo cambiar de piel, vivieran para siempre. Sucedió; sin embargo, que un demonio maligno, sabiendo esto, revirtió el proceso, por lo que las serpientes mudan de piel y los hombres mueren."

En el arquetipo del relato bíblico, la Serpiente aparece haciendo creer a Adán - o mejor dicho a Eva - que el árbol de la muerte era el árbol de la vida. La serpiente misma, por supuesto, comía del árbol de la vida.

Así, la serpiente es la Madre de la Mentira, la seductora, la que no se puede confiar, la que engaña y esos son rasgos del diablo.

La aparición del diablo.

El diablo también aparece en forma humana. En estas ocasiones sus disfraces son variados. Puede aparecer como un anciano o una anciana; una joven atractiva; un sirviente o un noble; un pescador; un cazador; un comerciante, un zapatero o un campesino. En el folklore brasileño aparece a veces como un viola negro, siempre dispuesto a participar en un desafío o como un excelente bailarín.

En muchos mitos europeos, el diablo adopta la apariencia de un monje, un sacerdote, un anacoreta o un peregrino. Cuando aparece en forma de filósofo, matemático, físico, alquimista o gramático, presenta conocimientos sobrenaturales y una habilidad fantástica en los debates. También puede manifestarse como un ángel de luz o incluso disfrazarse de Jesús o de la Virgen María; Finalmente, todavía puede manifestarse invisiblemente en el orden natural.

En varios mitos, el diablo aparece como un ser deforme y su apariencia externa delata la sordidez de su carácter. Así, el diablo está cojo porque, cuando cayó a la Tierra, expulsado del cielo, tenía las rodillas vueltas hacia atrás. Hay aquí una fuerte influencia del mito de Hefesto, hijo de Zeus y Hera que, al nacer, a causa de su fealdad, fue arrojado a la Tierra por su padre, acabando en la isla de Lemnos y quedando cojo a consecuencia de la caer. El diablo tiene otra cara en el rabo. Es ciego, tiene cuernos y cola, tiene pies palmeados, no tiene fosas nasales - o solo una - y no tiene cejas.

Sus ojos son cuadrados y rojos o emiten fuego. Desprende un olor sulfuroso. Está dotado de alas, inicialmente emplumadas como las de los ángeles y más tarde, como las de los dragones alados o los murciélagos.

Al ser un ser opuesto a la Gran Luz Divina, el demonio es negro, su piel es oscura o solo su ropa. Si aparece montado, su montura será oscura. Debido a que se asocia con el fuego y la sangre, no es raro que adquiera un color rojo. En ocasiones, incluso puede usar ropa verde debido a su asociación con la caza. La imagen del diablo como cazador es una metáfora que aparece en las enciclopedias medievales, que lo describen como un cazador de almas y el verde es el color tradicional de la vestimenta de los cazadores. Sin embargo, hay quienes defienden la tesis que es muy guapo, pero una belleza llena de maldad.

Esta representación del diablo como un ser físicamente bello se debe a que Lucifer era considerado uno de los ángeles más bellos del cielo antes de la caída.

Otra relación se debe a la identificación del demonio con los dioses celtas de la fertilidad. El diablo todavía lleva una espada de hierro y cadenas que agita lúgubremente. El diablo, por fin, conoce los lugares donde hay tesoros enterrados, preside la suerte en el juego y los secretos de la Alquimia. Con ello seduce a hombres codiciosos, quienes hacen un pacto con él para obtener fama y fortuna.

El tiempo y el diablo.

En las creencias populares, determinados momentos del día están cargados de fuerzas mágicas.

La noche, especialmente, es el momento mágico por excelencia, es en este momento cuando las fuerzas del mal y la oscuridad caminan libremente. Por la noche, los vampiros emergen de sus criptas para alimentarse de sangre humana, los hombres lobo aúllan en las encrucijadas, cumpliendo su aterrador destino; las almas de los muertos despiertan y vienen a visitar a los vivos; las brujas se reúnen en sus guaridas para adorar a Satanás o bailar en sábado; Hécate, la aterradora Dama de las tinieblas, abandona el Mundo de las Sombras y viene a caminar por la Tierra acompañada de los monstruos Gorgo y Empusa.

A diferencia de la noche, el día es el momento positivo en el que el rostro de Dios sonríe al hombre. La luz del Sol destruye a los vampiros, pone fin al sábado de brujas e interrumpe el baile de la gente pequeña en los claros del bosque.

Sin embargo, hay un momento del día que la gente considera especialmente mágico: el mediodía.

Dicen que no se debe lanzar una maldición al mediodía porque, a esta hora, los ángeles se reúnen en coro para alabar a Dios. Exactamente al mediodía terminan sus alabanzas y dicen ¡amén! Así, las plagas pronunciadas en este tiempo reciben el amén - que así sea - de los ángeles y, por tanto, tienen grandes posibilidades de obrar. El mediodía es el momento en que Jesús fue crucificado y el momento en que Adán pecó. Los griegos guardaron silencio en ese momento porque era hora que el dios Pan se durmiera y sería muy peligroso despertarlo. En Roma, esta época es cuando descansan los cansados dioses salvajes. En los bosques medievales, al mediodía, cualquiera que escuchara con atención podía oír la siniestra cabalgata que seguía a Wuotans Heer, el eterno cazador maldito. Y sin embargo, en aquella época, las mujeres de Creta eran perseguidas por el diablo. En Moravia, a pleno día, el barquero sale de su profunda morada para secuestrar niños. En Portugal, en esta época, el Hombre de las Siete Dentaduras realiza sus siniestras rondas. Así, el mediodía es una hora abierta en la que el diablo se libera y el mal adquiere una fuerza casi incontrolable.

Una hora también muy rica en magia son las seis de la tarde, hora umbral entre el final del día y el comienzo de la noche. En ese momento, los hombres dejan de trabajar y se retiran a sus hogares, los pájaros buscan refugio en el confort de los árboles, las cigarras cantan entre las ramas. Las verdes montañas se oscurecen y el sol desaparece como una herida de luz. Este momento del día no se considera negativo porque es el momento del ángelus: es decir, el momento en el que, según la tradición, María, la madre de Jesús, recibió la visita del ángel que anunció la venida del Mesías.

La casa del diablo

¿Dónde vive el diablo? La tradición cristiana, basada en el modelo clásico del Hades grecorromano, sitúa la región infernal bajo tierra, de ahí la práctica popular de enviar a las profundidades del infierno a quien nos irrita.

En la Edad Media; sin embargo, la mansión del diablo estaba en el Norte, fuente de oscuridad y frío. Por este motivo, las iglesias se construyeron orientadas al Este. El Norte siempre está a la izquierda de la puerta principal, y de ese lado, el demonio siempre está esperando una oportunidad para atacar; por esta razón la gente no entierra a sus muertos en lugares cercanos al norte. Estrictamente hablando, en el mundo medieval, el Norte es la dirección del infierno.

Una asociación muy extraña, pero muy bien fundada, es la que se establece entre el diablo y Papá Noel. Ambos viven en Laponia y crían renos; visten abrigos rojos; bajan por las chimeneas y se ensucian de hollín; usan bolsas grandes - en el caso del diablo, las almas de los pecadores están en la bolsa -; llevar palos; se desplazan por el aire con ayuda de animales; se utilizan alimentos y bebidas, como el vino, para sobornarlos. Uno de los apodos del diablo, Old Nick, deriva directamente del nombre San Nicolás o Santa Klaus. San Nicolás está relacionado con los cultos a la fertilidad - también con el diablo -, por lo que le alimenta con frutas, pasteles y nueces.

Los lugares sagrados, para la religión pagana, pasaron a ser malditos para el cristianismo. Así, los templos levantados para los dioses del Paganismo eran considerados moradas del diablo, aunque posteriormente fueron convertidos en templos cristianos. Árboles, fuentes, montañas, cuevas, cuevas, ruinas, tumbas, cementerios se consideraban viviendas comunes del diablo.

Los demonios también pueden rondar las casas y los fantasmas o espíritus de los muertos no son más que demonios. Finalmente, fiel a la antigua tradición mesopotámica, el pueblo cree que el lugar donde viven los demonios, en mayor cantidad, es el aire.

Había tantos demonios que se creía que uno de ellos podía resultar herido lanzando una simple aguja al aire. Un antiguo sacerdote afirmó que los demonios viven en el aire como un enjambre de moscas.

El número de demonios existentes.

La idea que los demonios pululan como moscas ha llevado a muchos demonólogos a intentar calcular el número de demonios que existen. Maximus Tire estima la cifra en 30.000. En el siglo XIII, el abad Richalm afirmó con seguridad que había más demonios, en el infierno y en la Tierra, que granos de arena en las playas.

En el siglo XVI, el demonólogo Johann Wier contó nada más y nada menos que 6.666 legiones, formando un total de 7.403.926 demonios individuales.

Todos estos números, como puede ver, nacen fácilmente de la exaltada imaginación de los demonólogos y no de afirmaciones basadas en algún tipo de realidad.

Mi tío se detuvo para beber un poco del jugo de uva que había preparado mi madre. Mi padre, aprovechando ese momento, preguntó:

- Abílio, ¿cómo ve el Espiritismo la cuestión del Diablo?

- Augusto, en un notable libro titulado *El Cielo y El Infierno*, Allan Kardec hace una crítica profunda y radical a la idea del diablo. Para nuestra Doctrina, no existen diferencias entre ángeles y demonios, ya que los demonios también serían ángeles, dentro del punto de vista católico. Según el Espiritismo, los demonios no son seres de creación separada y enfocados al mal, sino espíritus imperfectos susceptibles de regeneración siempre que decidan cambiar su actitud ante la ley de Dios, cambiando el mal por el bien, el odio por el amor.

- Abílio, ¿estás diciendo que los demonios se pueden salvar? - Preguntó mi padre.

- No soy yo quien dice eso, sino Allan Kardec, como lo intuyen los buenos espíritus.

- Para el Espiritismo, los espíritus salen de las manos de Dios simples e ignorantes. Los que caminan en dirección al bien y cometen menos errores alcanzarán algún día la posición angelical y los que cometen más errores y son recalcitrantes ante el mal se convierten en demonios.

Así que nada impide que los espíritus malignos, que cambian de posición, se conviertan en ángeles de luz.

- ¿Podemos decir, entonces, Abilio, que los espíritas no creen en la existencia de ángeles y demonios? - Interrogó a mi padre.

- Correcto, Augusto. Según el Espiritismo, los ángeles y los demonios en el sentido que les da la teología católica, no existen.

- Estoy satisfecho - concluyó mi padre.

CAPÍTULO XII
Caen las últimas restricciones de mi padre respecto al Espiritismo

Esa tarde, como siempre, fuimos a nuestra sesión del miércoles. La reunión transcurrió tranquilamente con la hermana Letícia comunicándose y dándonos mensajes morales. De repente, dijo que había un espíritu allí que quería comunicarse con nosotros, pero a través de la psicografía.

Estuve muy atento porque aun no había visto a ningún médium psicográfico en acción.

Unas hojas de papel en blanco fueron colocadas frente a Julieta Martins, quien, como ya he dicho, tenía el don de psicografiar.

Ella permaneció muy tranquila y, con los ojos cerrados, empezó a escribir.

La sesión continuó y, al final, el Dr. Ramalho, a quien le habían entregado el material psicografiado, le pasó el mensaje a mi padre. Solo dijo:

- Es para usted.

Mi padre guardó el mensaje para leerlo en casa y es este mensaje el que transcribo aquí con el permiso de mi padre:

- *"Augusto, mi amado hijo. Finalmente obtuve permiso para ponerme en contacto. Hijo, nunca he perdido el recuerdo de aquella tarde de junio de 1988, mi último día en la Tierra. Te recuerdo, sentado a mi lado con tus manos en las mías.*

Tu madre llorando junto a mi cama. ¡Qué día tan triste fue ese! De repente, me sentí de pie, mirándolos a los dos y mi cuerpo lívido tendido sobre la cama. El médico que vino a verme, el Dr. Samuel Goldstein, nuestro querido amigo.

Fuera del cuerpo, estaba desconcertado y, de repente, me encontré en una región oscura e inhóspita donde había muchas personas que parecían zombis, caminando sin rumbo. Curiosamente, tenía hambre y sed. En mi memoria confusa, recordé el día de mi funeral y de la misa del séptimo día. No tenía dudas que estaba muerto. Simplemente no sabía qué hacer. Indefenso como un niño que ha perdido a sus padres, comencé a llorar convulsivamente.

Mis dolorosos gritos fueron respondidos por la risa de mis compañeros de sufrimiento.

El hambre y la sed aumentaron considerablemente.

Me dolía mucho la cabeza. No queriendo escuchar más esa insoportable burla, salí corriendo de ese lugar, pero la región oscura no tenía fin. Por mucho que corriera, siempre estaba dentro de ella.

En mi loca carrera llegué a una especie de cueva donde había una espesa vegetación con bayas moradas colgando de las ramas oscuras.

Hambriento, estiré mis manos para agarrar las frutas; sin embargo, en ese momento, sentí una especie de fuerte golpe en la nuca y caí al suelo lodoso.

Miré y vi, frente a mí, un monstruo horrible que me decía con voz indescriptible: "Estos frutos son míos. Sal de aquí, desgraciado."

No pude competir con él y salí despavorido, cayendo y levantándome de aquel suelo resbaladizo.

¡Oh! ¡Mi hijo! No te imaginas cómo sufrió tu padre, cómo intentó beber hasta el final el cáliz de amargura que me ofrecieron.

Un día, cuando ya no podía más, me acordé de mi madre que era muy religiosa, a diferencia de mí, que me burlaba de sus creencias. Fue entonces que en lo más profundo de mi alma surgió un grito desesperado, un grito de ayuda de Dios. Fue un grito angustiado, un grito lleno de desesperación. Casi de inmediato, noté una pequeña luz que venía hacia mí.

Aumentó gradualmente hasta que vi claramente a su abuela, Clarissa, sonriéndome y ofreciéndome su mano. Por primera vez sonreí y me calmé.

Cuando desperté me encontraba en una especie de hospital, donde atentos médicos me atendían con extremo y manifiesto cariño. Ya no tenía el hambre y la sed que me torturaban.

Me tomó un tiempo recuperarme en este asilo y cuando logré realizarme y recordar quién era, quise venir a la Tierra para ver a los que había dejado aquí, pero no fue posible, tuve que esperar algún tiempo para la satisfacción de mi deseo.

Hijo, supliqué esta oportunidad porque necesitaba advertirte de la necesidad de cambiar tu comportamiento.

¿Recuerdas cómo era yo? Como no tenía la estatura filosófica para negar a Dios, en la línea del materialismo clásico, dije que creía, pero lo dije de labios para afuera. Básicamente, profesaba una forma de ateísmo mucho más grave que el que profesan los verdaderos ateos.

Recordarás que yo era amante de la cerveza y las caipiriñas de asados donde consumía gran cantidad de carne y grasas.

Fumaba profusamente. Tuve aventuras fuera del matrimonio. Lo peor es que pensé que todo esto era muy normal; sin embargo, este comportamiento tan normal fue la causa de mi muerte.

Para que no eduques a mis nietos con los mismos errores que yo cometí en tu educación, te pido perdón por los terribles ejemplos que te di. Me alegra saber que te acercaste al Espiritismo, algo que lamentablemente nunca me interesó.

Por eso te suplico, hijo mío, que no te apartes más de esta doctrina de luz y de amor, porque en ellas reside la salvación de las almas en el mejor sentido de esta palabra.

Eso es todo por ahora. Hasta nuestra próxima reunión.

Paulo Roberto Fonseca Teles"

Mi padre terminó de leer con lágrimas en los ojos. Volviéndose hacia mi madre, dijo:

- Rosa, Rosa, ¿escuchaste?

- Escuché, Augusto. Fue tu padre. Sí. Sin duda esa mujer que apenas conozco no podría saber tanto de él como lo que dice en este mensaje.

- Sabes, Rosa, qué culpa me siento.

- Culpable de qué, Augusto.

- No haberme dedicado por más tiempo al Espiritismo. ¡Cómo perdí el tiempo!

- Olvida el tiempo perdido y piensa en el tiempo recuperado. Ahora eres un espírita.

- Como dice la gente: más vale tarde que nunca.

- Tienes razón, Rosa.

CAPÍTULO XIII
El relato de la Hermana Letícia: Todo empezó en Capela

Esta larga narrativa se logró a través de la psicografía, en ocho sesiones de trabajo, con la médium Julieta Martins. Lo transcribo aquí íntegro por su importancia para nuestro trabajo.

- "No hace mucho, hermanos míos, alguien me hizo una pregunta sobre quién era el espíritu que lidera la falange de sufrientes que asola los hogares de nuestros amigos. Pues bien. Ha llegado el momento de revelar el nombre del espíritu que está asociado con mi propia historia.

Él y yo venimos de uno de los mundos que orbita alrededor de la estrella Capela, llamado Erodos. En nuestra última encarnación, fue un gran sacerdote de un culto a nuestra deidad más elevada. Su nombre era Hasterius y el mío era Eudoxia.

De ahora en adelante, para facilitar la comprensión de esta narración, conservaré estos dos nombres, aunque a lo largo de nuestras muchas vidas tuvimos nombres diferentes.

En nuestra última encarnación en Erodos, Hasterius era un gran mago que poseía notables facultades mediúmnicas, que le fueron dadas para usar en favor de los demás. Él; sin embargo, utilizó tanto sus facultades mediúmnicas como su conocimiento de la magia para saciar su sed de poder. Antes de continuar con esta narración debo decir lo que aquí llamo magia.

Llamo magia a la creencia en la existencia de entidades espirituales benéficas o malévolas a nuestro alrededor. A través de ciertas técnicas, el mago cree poder dominar estas energías espirituales para ponerlas a su servicio. En magia existen dos formas: directa o indirecta en la que se utiliza.

Lo mismo ocurre en la Tierra, ya que fueron los Capelinos quienes trajeron el conocimiento mágico a este planeta.

En el primer caso, también conocido como magia simpática, los efectos surgen directamente de estas prácticas, y en el segundo, los espíritus son convocados por el mago y los efectos dependen de ellos. Todavía como en la Tierra, magia en Erodos podría usarse tanto para el bien como para el mal. En la Tierra estas dos formas fueron llamadas incorrectamente magia negra y magia blanca.

En la encarnación a la que me refiero - como dije -, Hasterius era sacerdote y yo era sacerdotisa del culto de nuestro dios más grande. Lo admiraba y lo tenía como mi maestro. Sin querer eximirme de culpas y responsabilidades, debo decir que ejerció sobre mí una fuerte fascinación de carácter hipnótico en todos sus proyectos. Nuestros desvíos y errores en aquella encarnación fueron de tal magnitud que tendría que escribir un texto mucho más extenso que éste para explicarlos, cosa que no puedo hacer aquí y ahora.

Continuando con nuestra narración, debo decir que los mundos, como los espíritus, también evolucionan, pasando de un estado a otro.

En aquel tiempo lejano, Erodos se preparaba para avanzar un paso en la evolución de los mundos. Se produciría entonces un proceso selectivo que separaría a los espíritus rebeldes, que no podían permanecer en ese planeta y debían ser exiliados, y los espíritus obedientes a las leyes divinas que se ganaron el derecho de permanecer allí.

Un día, sin que lo esperáramos, se produjo un gran terremoto que derrumbó el templo, provocando la muerte de Hasterius y de mí. En el mundo espiritual, los asirios, yo y otros espíritus que perseverábamos en el mal, fuimos conducidos al gran Tribunal de los espíritus superiores que gobernaba el sistema Capelino.

Se nos dejó claro que debíamos incorporar la enorme caravana de espíritus exiliados y que ya no encarnaríamos en nuestro mundo de hoy.

Seríamos enviados a un mundo mucho más pequeño que el nuestro, que giraba alrededor de una estrella de quinta magnitud, que arrastraba detrás de sí a un grupo de nueve planetas. El mundo destinado a nosotros era el tercero en orden de distancia de la estrella central.

Hiperión, el gran espíritu que encabezaba la Corte, nos explicó que nuestro exilio no sería perpetuo y que podríamos regresar tan pronto como tuviéramos los méritos para hacerlo, y que nuestro papel sería ayudar a los espíritus aun rudos allí encarnados.. Nuestro viaje a este planeta no sería a través de naves espaciales o cosas similares, sino a través del proceso de encarnación, lo que sería de gran utilidad para nuestra adaptación a este nuevo mundo.

En Egipto

Muchos de nosotros fuimos a lugares que luego se llamaron Mesopotamia, India, Grecia, China, Palestina y Egipto. Fue a este último país al que nos llevaron a Hasterius y a mí. En aquella época, Egipto aun no era la Tierra de los Faraones, sino un valle donde vivían espíritus muy poco evolucionados en lo que los historiadores llaman Neolítico. Tal vez no puedan imaginar lo difícil que fue para nosotros los Capelinos vivir en un planeta en el estado en que se encontraba la Tierra, pero no teníamos otra opción. Los espíritus que vivían en el valle del Nilo vivían en pequeñas chozas, trenzado a toda prisa o en guaridas oscuras. Estos seres aun no conocían ni siquiera la técnica de encender fuego, dependían del fuego natural que venía del cielo en forma de relámpago. Comían pescado, saltamontes, gusanos, hormigas y serpientes y, cuando tenían suerte, mataban animales más grandes como ciervos, gacelas, antílopes y monos. Algunas de estas personas practicaban la antropofagia. No tenían animales domésticos, ni agricultura, ni siquiera hortalizas.

Con nuestra llegada a aquellas regiones inhóspitas, poco a poco, entre los egipcios prehistóricos, surgió una nueva generación que dio un impulso formidable a sus vidas. Nosotros, los emigrantes de Capela, les enseñamos a trabajar la tierra, a domesticar animales, a construir casas más sólidas y fuertes, a hacer vino y cerveza; el arte de tejer y fabricar armas de metal y eliminamos el canibalismo, así como el incesto que se practicaba con gran naturalidad. En esta tarea destacó un capelán llamado Osiris, cuyo trabajo fue tan intenso y significativo que las generaciones futuras lo colocaron en el panteón de los dioses.

Les enseñamos que había seres superiores que merecerían de su parte respeto, admiración y adoración. Con ello surgieron ciudades como Menfis, Tebas, Heliópolis, Edfu, Hierakonpolis, Ombos, Fayum y Coptos. Y templos dignos de estos dioses en cada una de estas ciudades. También establecimos el sistema político monárquico y el Estado egipcio pasó a ser gobernado por un Capelín o su descendiente que era visto como la encarnación de los dioses en la Tierra.

Lo interesante es que los Capelinos siguieron enojados por el castigo que habían sufrido y, nostálgicos de su mundo de origen, crearon mitos sobre tierras maravillosas, mucho más allá de las montañas de las que habían venido, tierras maravillosas en las que alguna vez vivieron y del cual fueron expulsados. Los judíos, griegos y otros pueblos aquí exiliados actuaron de la misma manera, como lo demuestran sus mitos sobre la Edad de Oro o el paraíso perdido.

Hasterius, mi compañero de desgracias, no cambió, y en algunas encarnaciones siempre estuvo ligado a la religión y al poder, fue un sacerdote del culto Solar dedicado a Ra en la ciudad de Heliópolis. En una de estas encarnaciones fui su hija y de él pude aprender mucho sobre magia, pues me preparó para ser sacerdotisa. En una de sus clases particulares me dijo:

- Hija mía, te pido que tengas mucho cuidado con los rituales, ya que no son prácticas vacías. Serás una gran sacerdotisa y, por supuesto, dirigirás los servicios, por lo que es necesario que conozcas los rituales y les prestes la debida atención.

- Los consideraba solo una práctica formal.

- Te equivocas, hija mía. El ritual en sí, no lo olvidemos, ejerce una función disciplinaria y debe utilizarse con rigor en la sucesión de fases, actos y operaciones relacionadas con la magia. No hay magia si no existe un ritual adecuado. Muchas veces, cuando la magia no funciona, el error se encuentra en el ritual. ¿Lo entiendes?

- Sí, padre.

- Muy bien. Entonces insto: ten cuidado con los rituales porque lo son todo, todo.

Tal era Hasterio, capaz de ser afectuoso conmigo y enseñarme lo que debía aprender con mucha paciencia, pero, al mismo tiempo, capaz de tratar a sus enemigos con gran dureza y hasta crueldad. Hoy, tan lejos, ya no veo estas cosas de esa manera, ni tomo en serio las clases de Hasterius, pero en ese momento eran muy importantes para mí.

El mago egipcio

La magia era una práctica muy común en el Antiguo Egipto y estaba tan profundamente arraigada en la religión que a menudo resulta difícil para el egiptólogo moderno separar una de otra. Para ser honesto, debo decir que los egipcios practicaban dos tipos de magia a los que acabamos de referirnos: la positiva, utilizada con fines legítimos, y la negativa, utilizada con fines criminales y provocando calamidades.

En varios textos egipcios antiguos que existen entre ustedes, se pueden encontrar varias narraciones en las que vemos, con gran frecuencia, a la magia convirtiéndose en sirvienta de la religión y, a menudo, aparece junto a las más exaltadas y sublimes concepciones espirituales.

La principal técnica de la magia egipcia estaba relacionada con el poder de las palabras. Amigos míos, las palabras tienen fuerza, ya que son el vehículo del pensamiento, todavía las necesitamos para expresarnos. En mundos más evolucionados, en planetas más avanzados, la comunicación se produce de pensamiento a pensamiento, a través de la telepatía. Así, cuando una persona habla mal de alguien, se refiere a otros con odio o maldiciones, esta energía no solo afecta a la persona a quien se dirige la agresión verbal, sino también a quien la escucha, multiplicando así la fuerza de la carga malévola.

Siempre que la palabra fuera pronunciada de cierta manera y siguiendo el ritual, se lograrían los resultados deseados. En el antiguo Egipto también se podían escribir palabras en rollos de papiro, piedras preciosas, piedras comunes y también tablillas de arcilla. Las prácticas mágicas eran tan comunes en el Antiguo Egipto que los extranjeros que visitaban el valle del Nilo quedaban tan impresionados que en casa solían decir que Egipto era el país de los hechiceros.

Dos historias sobre la magia egipcia

En el Antiguo Egipto existían muchas historias sobre la práctica de la magia.

Aquí destacaré dos de ellas. Un día que el faraón Senefru estaba muy triste, llamó a sus cortesanos y les dijo que buscaran alguna manera de hacerle recuperar la felicidad perdida. Los nobles imaginaban juegos, bailes, música y espectáculos dramáticos, pero ninguno de ellos devolvía la alegría al rey.

Como los nobles no podían hacer nada, les ordenó que trajeran a Tchatcha Ank al gran mago de la Corte y cuando estuvo en presencia del rey, le dijo:

- Amigo, mi alma se entristeció como nunca antes. Pedí ayuda a mis cortesanos, pero no me ayudaron. ¿Y qué puedes hacer por mí?

El sacerdote permaneció un rato en silencio, como si meditara, y finalmente habló:

- Majestad, volverá su alegría cuando navegue de un lado a otro del lago y contemple los hermosos bosques que allí existen.

A continuación, el mago pidió que le permitieran organizar la gira real. Mandó que le trajeran veinte ramas de ébano incrustadas con hilos de oro purísimo, veinte vírgenes de bellas formas, fuertes brazos y torneadas piernas que sabían cantar. Solo deberían vestirse con una red de pesca en lugar de su ropa cotidiana. Remarían y cantarían para el faraón. Hecho todo esto, el rey tomó su lugar en la barca y comenzó el recorrido.

Mientras las veinte hermosas jóvenes remaban a paso firme, el faraón las miraba olvidándose de sus preocupaciones y angustias. De repente, la líder de las remeras, mientras remaba, quedó atrapada por su cabello, y una de sus joyas, hecha de turquesa, cayó al agua y desapareció. La niña y sus compañeras dejaron de remar. Entonces Faraón les preguntó:

- ¿Por qué dejaron de remar?

- Porque nuestra líder ya no rema.

- ¿Por qué dejaste de remar? - Preguntó el soberano a la jefa de las remeras.

- Porque perdí mi joya favorita. Ella cayó al agua y desapareció.

- No te preocupes, amiga mía, porque recuperarás tu joya.

El faraón regresó al castillo y les ordenó buscar al mago Tchatcha. Tan pronto como Faraón lo tuvo en su presencia, le dijo:

- Amigo mío, todo salió muy bien. Subí al bote con las remeras.
Cuando las vi remar, mi corazón se llenó de alegría. De repente dejaron de remar porque su líder dejó caer al agua su joya más preciada.
Le aseguré que recuperaría el objeto perdido.

- Veamos qué se puede hacer, mi señor - dijo el mago.

El mago fue con el faraón al lugar donde la joven había perdido el adorno.

Mediante palabras mágicas separó las aguas del lago de manera que la joya fue encontrada dentro de una vajilla, en el fondo. Lo tomó y se lo devolvió a su dueña. El rey, muy contento, recompensó al mago con muchos regalos.

La segunda historia tuvo lugar en la época del faraón Neb - Cau - Ra. Un día, este faraón decidió visitar a uno de sus más altos dignatarios, Aba - Aner, quien era un erudito y practicante de magia. Con él iba, como era costumbre, un séquito real en el que participaba un apuesto soldado. Ahora bien, sucedió que la esposa de Aba - Aner, al ver al soldado, se enamoró de él. Al día siguiente, la mujer envió a uno de sus siervos a contarle al soldado sobre tu pasión. El muchacho, tal vez halagado o incluso impresionado por la belleza de la mujer, se convirtió en su amante.

Luego se encontraron en una casa remota que pertenecía al marido traicionado.

En cada reunión, la mujer pedía a un sirviente que le ordenara la casa. El mayordomo, que no se sentía cómodo con esa complicidad, pues también estaba traicionando a su Señor, le contó a Aba - Aner lo que estaba pasando.

El marido engañado, al principio, no hizo nada. Simplemente ordenó al sirviente que fuera a su casa y trajera de allí una caja que estaba en un armario.

El hombre hizo lo que le pedía y, trayendo la caja, se la entregó a su jefe. Aba - Aner tomó una cantidad de cera que había dentro de la caja y la usó para hacer un cocodrilo de aproximadamente dos palmas de tamaño.

Luego dijo unas palabras sobre el animal y luego le ordenó: cuando el hombre vaya a lavarse a mis aguas, agárralo.

Una vez hecho esto, ordenó al mayordomo que vigilara, y cuando el soldado vino a bañarse, arrojó tras él el cocodrilo de cera.

Días después, la mujer ordenó al mayordomo que preparara la casa para otra de sus reuniones. Él, sin levantar sospechas, obedeció como siempre.

El amante llegó temprano en la mañana y se quedó hasta que se puso el Sol. Luego, salió de la casa y fue a bañarse al río. El mayordomo aprovechó que entró al agua y le arrojó el cocodrilo de cera. En cuanto la imagen cayó al agua, se transformó en un enorme cocodrilo que, cogiendo al hombre, se sumergió con él hasta el fondo del río. Entonces Aba - Aner invitó a Faraón a salir a caminar juntos cuando vio algo maravilloso, que había sucedido en su reino sin que él lo supiera.

El faraón se interesó mucho y salió con su empleado a lo largo de las orillas del Nilo. En cierto lugar del río, Aba - Aner se detuvo y conjuró que apareciera el cocodrilo; éste llegó llevando al soldado sobre su boca. El faraón se acercó al animal y quedó asombrado y el mago tocó al animal diciendo algunas palabras y este retomó su forma de cera. Finalmente, ante sus ojos atónitos, el mago volvió a colocar al animal en el agua, diciendo: toma lo que es tuyo.

La figura del cocodrilo volvió a adoptar su antigua forma y se zambulló con el hombre.

La escuela de Hierogramatas

Se trataba de una escuela sacerdotal de Heliópolis donde se enseñaba magia y ciencias ocultas, materias imprescindibles en la formación de los sacerdotes egipcios. Allí se estudiaba y practicaba la proyección del cuerpo astral o bilocación; telequinesis o movimiento de objetos a distancia sin la ayuda de manos humanas; fenómenos ectoplásmicos o de materialización; regresión a vidas pasadas; levitación y criptoestesia o clarividencia. Este conocimiento; sin embargo, era un conocimiento secreto que estaba cerrado al público en general.

Solo los iniciados y, principalmente, los candidatos al sacerdocio y convertirse en faraones. Durante algunos años Hasterius fue el presidente de esta escuela iniciática.

Mernephta invita a Hasterius a convertirse en su mago de la Corte en el momento en que sucedieron estos hechos, ocurrió un hecho nuevo en Egipto: un hombre que había abandonado su tierra natal, y que había sido acusado de asesinar a un capataz egipcio, regresaba a las tierras del Nilo. Este hombre había pasado mucho tiempo fuera de Egipto, tu tierra. Se llamaba Moisés y era hijo adoptivo de una princesa egipcia, hija de Ramsés II. De hecho, su sangre no era egipcia, sino hebrea, un pueblo que había sido introducido en Egipto hace muchos años, durante la época de los faraones hicsos, también llamados reyes pastores y, con el tiempo, convertidos en esclavos.

Este Moisés regresó investido, por un dios llamado Yaweh - según él -, dijo de la misión de liberar a su pueblo del dominio egipcio. Fue a causa de este hombre que el faraón convocó a Hasterio a su presencia.

Fue en Egipto donde los Pitágoras griegos se enteraron de sus existencias anteriores como Aithalides, Euphorbos, entre otros.

- Mi querido Hasterius, te llamé aquí para pedirte ayuda.

- ¿Cómo pueden ser útiles mis servicios, faraón mío? - Hasterio quería saber.

- Creo que vamos a tener problemas - dijo el Faraón.

- ¿Qué tipo de problemas, señor?

- Un hombre está agitando a los esclavos hebreos.

- ¿Quién es ese hombre?

- Su nombre es Moisés. Huyó aquí hace más de veinte años por matar a uno de nuestros guardias que controlaba el trabajo de los esclavos; ahora ha vuelto.

- Me pidió una reunión y acepté. Ojalá estuvieras a mi lado con tus magos a esta hora.

- Así será, mi faraón - dijo Hasterio.

En la tarde de ese mismo día, Moisés, su hermano Aarón y los ancianos judíos aparecieron en la audiencia del Faraón. Fue Aarón quien, acercándose al trono real, habló:

- Faraón, deja que mi pueblo vaya al desierto a adorar a nuestro Dios.

- No haré nada de lo que dices, hebreo. Tu pueblo no abandonará mi reino.

- Moisés entonces, alzando la voz, dijo: Bien hecho. Yo te mostraré la fuerza de nuestro Dios.

En ese momento, Moisés arrojó su vara al suelo y ésta, ante el asombro del faraón, se convirtió en una serpiente que comenzó a retorcerse en el suelo.

Hasterio mantuvo la calma y ordenó a sus magos que arrojaran sus varas al suelo y todas se convirtieron en serpientes.

- Moisés, no es muy grande la maravilla que ha hecho tu dios, ya que mis magos hacen lo mismo. Vete, porque no liberaré a tu pueblo, sino que duplicaré su trabajo.

De hecho, Moisés había utilizado un truco muy conocido en Oriente, que consiste en hipnotizar a una serpiente, poniéndola rígida como un palo, simplemente presiona con el pulgar una región en la base de la cabeza del reptil. Moisés había estudiado en la escuela hierogramatas, de la que acabo de hablar, donde había aprendido los secretos de la alta magia egipcia y nada de lo que pudiera hacer asustaría a Hasterio y sus magos que estudiaban en la misma escuela que él.

Como había dicho Faraón, el trabajo de los esclavos hebreos se había redoblado, y Moisés, volviendo a su presencia, les lanzó nuevas amenazas que el soberano no abandonó. Así, Moisés comienza a lanzar sus famosas diez plagas sobre Egipto, pero todas ellas fueron explicadas por los magos egipcios y por ello el Faraón se mantuvo intransigente. Finalmente se produjo la muerte del primogénito, lo que tampoco fue un milagro de Dios, ya que Dios no pudo eliminar a personas inocentes, incluidos los animales, sino un asesinato en masa muy bien planeado.

De esta manera, ese asesinato no fue más que una serie de crímenes y nada más. Tenga en cuenta que era necesario marcar la casa de los judíos con un cartel para que cuando Dios - los asesinos - pasaran, pudieran distinguir la casa de los judíos de la casa de los egipcios.

Faraón, temiendo que ocurrieran más muertes debido a su intransigencia, decidió dejar salir a Moisés con todos los esclavos hebreos que vivían en Egipto.

Los acontecimientos que siguen a esto se pueden conocer a través de un libro de la Biblia llamado Éxodo.

Te debo una explicación más. Hasterio, nada más llegando a Egipto, entró en contacto con una sociedad de magos muy poderosos que descendían de la Atlántida. Estos hombres le hablaron de una civilización que floreció en las tierras del sur en un lugar llamado Photobolia, que significa la brillante o fosforescente, nombre dado por su naturaleza exuberante y por una luz tan intensa que daba la impresión que brillaba la luz del Sol nunca se puso allí. Es este lugar el que en el futuro se llamará Brasil. Allí creció hasta convertirse en una civilización deslumbrante que se extendió por la región hoy llamada América del Sur, fragmentada en diferentes culturas como los mayas, los incas, los aztecas, los olmecas, entre otras. Aquellos sabios tenían varios libros sobre la magia de la Atlántida, información de tal importancia que quien los poseyera sería la persona más poderosa de este mundo.

Este tema interesó a Hasterio quien quiso saber si era cierto o si era solo un mito. Uno de estos sabios se ofreció a ir con él a esta tierra lejana. Una vez allí, localizaron el lugar donde se encontraba la biblioteca. Pero ella había sido enterrada por sacerdotes atlantes, celosos de proteger esos libros de ojos y mentes que no estaban preparadas para leerlos. Usando su facultad de cripestesia o clarividencia de cosas ocultas, Hasterius pudo ver y maravillarse con los libros, solo que no pudo sacarlos de donde estaban debido al tiempo que estuvieron allí guardados. Si estuvieran expuestos a la luz del Sol no durarían mucho.

Usando la alta magia traída desde Capela, magnetizó el lugar con fluidos extraídos de la naturaleza, convirtiéndolo en un espacio sagrado.

El lugar exacto donde se ubicaron los libros es el mismo lugar donde vive la Familia Fonseca Teles.

El propósito de esta magnetización era permitirle registrar cualquier amenaza a su tesoro dondequiera que estuviera. Así se enteró que la casa estaba siendo ocupada y, con espíritu frívolo, mandó y expulsó a los vecinos de la casa. Además de estos, también estuvieron a su servicio espíritus perdidos y desorientados como Ramiro, Carolina y el actor griego que ya conoces. Así, se imaginaba como el dueño de la casa cuando, en realidad, la casa era su dueña, ya que le impedía caminar hacia los mundos mayores.

Un día quiso ir al lugar de su tesoro para ver cómo estaba y si corría peligro. Así, poco después de la partida de Moisés hacia el desierto, Hasterio pidió permiso al faraón para emprender un viaje a Fenicia.

Los fenicios, en aquella época, eran los mejores navegantes del mundo y solían llegar a América del Sur en busca de metales preciosos, maderas olorosas y aves raras. En aquella ocasión le pregunté:

- Papá, ¿realmente tienes que hacer este viaje?

- Sí, hija.

- Te extrañaré mucho - le dije con sinceridad.

- Aquí en el Templo, hija mía, no correrás el menor peligro.

- Espérame y ya vuelvo.

La decisión de mi padre fue inquebrantable y una tarde de primavera partió hacia Cedam, desde donde zarparía hacia la tierra desconocida. Lo que no sabía en ese momento era la relación entre mi padre y las tierras de Brasil.

Nunca me reveló la verdad sobre ese viaje. Pasaron dos años sin que supiera su paradero y, un día, mientras dormía en mis habitaciones, soñé con él diciéndome que había llegado a su destino; sin embargo, había sido asesinado por los habitantes de aquella tierra. Fue la última vez que vi a mi padre en esa encarnación. Todavía viví durante algún tiempo como sacerdotisa del Templo, pero mi padre, en esa encarnación, había hecho muchos más enemigos que amistades y, aunque estaba seguro que yo estaría a salvo en el templo, en realidad no lo estaba.

Mi vida sin mi padre se convirtió en un verdadero infierno, uno de los sacerdotes de Amón - Ra, llamado Abu - Refain, quería casarse conmigo. No me agradaba y unirme a él sería lo último que haría en este mundo.

Después del tercer año de la partida de mi padre, el templo pensó que era hora de elegir un nuevo Sumo Sacerdote y el elegido fue Abu - Referin.

No pasó mucho tiempo antes que me acusaran de alta traición y de pasar información valiosa sobre nuestro templo al clero de Tebas. Nada de esto era cierto, lo cual me impidió recibir el beso de la muerte dado por la diosa serpiente Mertseguer, la Señora del Silencio. La ejecución tuvo lugar dos días después de promulgada la sentencia. Llevada al pozo de las serpientes, fui arrojada allí y se sucedieron besos mortales hasta que cerré los ojos a las cosas de este mundo.

Tan pronto como salí de mi cuerpo de carne, no tuve miedo ni sorpresa al verme, mirando mi cuerpo tendido sobre el frío mármol, rodeado de los áspides que allí habitaban. Allí permanecí mucho tiempo como si estuviera atrapada entre mis restos. No sé cuánto tiempo pasé así. Cuando recuperé el control de mí misma, estaba en una casa de momificación, observando lo que le estaban haciendo a mi cuerpo. Uno de los raros amigos de mi padre, un médico llamado Sinahuê, se quedó con mi cuerpo y fue él quien lo tomó para momificarme.

Entonces, se me acercó el paraquista, el primer profesional que interfirió en el proceso de momificación. Llevaba un cuchillo de obsidiana largo y afilado. Se acercó mucho a mi cuerpo e hizo una abertura más o menos amplia en el lado derecho de mi cadáver. Luego, con la habilidad propia de quien lleva mucho tiempo ejerciendo una determinada profesión, me sacó las vísceras. Luego se alejó y vino la tariqueuta o salador y sumergió mi cuerpo en una solución de sal y natro.

Entonces, después de ser lavado y purificado, me extrajeron el cerebro mediante un gancho de bronce insertado en mis fosas nasales.

Vi que mi materia cerebral salía en migajas de color gris oscuro.

El cerebro, o lo que quedaba de él, era tirado a la basura ya que, para los egipcios, el cerebro no tenía gran importancia. Mi corazón también fue removido y cuidadosamente puesto a un lado, ya que, en nuestra religión, este órgano tenía una profunda importancia. Todo lo que fue sacado de mi cuerpo fue colocado en vasos canopos.

Una vez terminada esta parte, mi cuerpo fue deshidratado, vendado y, finalmente, llevado a ser enterrado.

Sí. Estaba muerta y ya no podía tener la menor duda al respecto.

Estaba confundida porque no vi las cosas que los Libros de los Muertos nos dijeron que les sucedieron a los desencarnados. Tampoco fui llevado a ser juzgado en la corte de Osiris, donde están los 42 jueces de los mortales y la diosa Maat con su balanza donde Anubis colocaría mi corazón para que lo pesaran. Solo había oscuridad a mi alrededor y sombras amenazadoras, pero no dijeron nada ni me acusaron de nada. En mi corazón había una enorme inquietud, un vacío, un sentimiento de falencia.

Lo que me dolió fue la ausencia de sonidos en ese lugar. Allí solo había silencio y podía estar a solas conmigo misma y eso no era bueno. Un fuerte sentimiento de culpa me envolvió, era como si hubiera desechado mi vida pasada. Con el paso del tiempo, me quedé aislada, inmersa en ese silencio espantoso. Fue entonces cuando se me ocurrió que había sido sacerdotisa del templo de Ra y que hasta ese momento no me había acordado de ponerme en contacto con él.

En ese momento, desde el fondo de mi alma, supliqué:

- "Ra, Señor de todas las cosas, tú que brillas sobre los justos y los injustos, tú que alimentas la vida en todas sus manifestaciones, ven en mi ayuda porque tengo gran necesidad de ti. Acuérdate de mí, Señor y visita, clamo y nadie me escucha, ruego y no soy respondida, abro los ojos y nada veo en esta oscuridad, Señor, pecamos como nuestros padres, nos hemos desviado de tus caminos, preferimos la sombra de Apopi a tu luz. Sálvame de las manos de mis adversarios, líbrame del poder de mis enemigos. Ven Señor, ilumina las insoportables tinieblas que me rodean."

Apenas había terminado la oración cuando apareció un ser luminoso y me habló amablemente:

- Hija mía, Ra escuchó tus oraciones y me envió a cuidar de ti.

Yo, que tenía la cabeza gacha, por el exceso de luz que provenía de aquel espíritu, levanté la cabeza y, conmovida, lo reconocí.

- Mamá, ¿eres tú?

- Sí hija mía, escuché tu angustioso llamado y vine a buscarte.

Mi madre había sufrido mucho con mi exilio a la Tierra, pero no había podido evitar que esto sucediera, porque yo había ayudado decisivamente a distanciarme de ella. Fui llevada al plano espiritual donde sostuve una larga y fructífera conversación con mi madre. Entonces se acordó que debía dedicarme a un largo curso de actualización para revisar conceptos y modificar mi camino espiritual.

Durante mucho tiempo, no sé exactamente cuánto, trabajé para ayudar a los espíritus sufrientes que llegaban a nuestra Colonia y participé en caravanas que se dirigían a regiones oscuras para rescatar a ciertos espíritus que allí sufrían. Fue un trabajo duro, pero de fundamental importancia para mí. En cuanto a Hasterius, sabía que había hecho una elección muy equivocada, decidiendo no encarnar más y vivir en el bajo astral, comandando falanges de espíritus obsesivos, pero sin olvidar el tesoro que consideraba suyo.

Una nueva oportunidad en persona

Pasó el tiempo y un día mi madre me llamó y me dijo sin ocultar la alegría en su voz.

- Hija, por fin logré que volvieras a vivir en la Tierra. Será una experiencia dura y muy difícil. Quiero dejarte claro que no te obligarán a aceptar esta experiencia. ¿Qué dices?

- Acepto, madre, porque necesito recuperar el tiempo perdido. Y ser liberada para regresar a nuestro planeta de origen.

- Eso solo depende de ti, hija.

Como me dijo mi madre, pronto me llamaron para planificar esa encarnación. Nací en Palestina en el seno de una familia muy rica formada en su mayoría por los saduceos. Nacería en un cuerpo masculino, experiencia que, en la Tierra, aun no la había tenido. Crecí estudiando la ley de Israel con los rabinos más sabios de esa época. Había; sin embargo, algo en la ley de Moisés que no me satisfacía del todo, por eso sufrí una cierta inquietud, una inquietud inexplicable para mí.

Una tarde, un amigo mío llamado Jeriel, saduceo como yo, al encontrarme en Jerusalén, cerca del estanque de Siloé, me habló como si me contara una gran noticia:

- Mi querido Salatiel, ¿dónde has estado?

- Es lícito que te pregunte lo mismo. Bueno, hace tiempo que no te veo - dijo en tono de broma.

- Bueno, no me iré de Jerusalén. Tú sí. Me dijeron que estabas en Jope, ¿es cierto? - Mi amigo me cuestionó.

- Sí. Yo estaba allí ocupándome del negocio de mi padre. Dije, pero no mencioné qué tipo de negocio.

- Entonces por eso no nos hemos visto.

- Sí, claro.

- ¿Ya conoces las novedades aquí en Jerusalén?

- ¿Qué noticia es esta? - Pregunté interesado.

- La más grande de todas, hay un nuevo predicador. Un Galileo de un pueblo llamado Nazaret. Su nombre es Jesús.

- ¿Y qué tiene de especial?

- Es Maestro sin haber ido a la escuela y ni siquiera asiste al Templo.

- ¡Un Maestro sin ir a la escuela! En realidad es muy interesante. ¿Y cuál es el núcleo de su prédica? ¿Qué dice este hombre?

- Habla del Reino de Dios, al que a veces llama Reino de los Cielos.

Esa respuesta me preocupó. Desde pequeño me ha seducido el tema del Reino de Dios, aunque no sabía muy bien de qué se trataba.

Después interrogué a los rabinos sobre este tema, pero no me dijeron nada concreto. Si ese hombre hizo del Reino de Dios el centro de su prédica, probablemente supo cómo llegar a ese reino. Me despedí de mi amigo, seguro que buscaría a ese nuevo rabino para saber más sobre el reino de Dios.

No pasó mucho tiempo antes que lo encontrara en el pueblo pesquero de Capernaum.

Estaba con sus discípulos en la sinagoga. Me acerqué a él y le dije suavemente:

- Buen Maestro, ¿qué debo hacer para alcanzar el reino de los Cielos?

- ¿Bueno? ¿Por qué me llamas bueno? Bueno es nuestro Padre que está en los cielos - me dijo corrigiendo mi primera afirmación.

- Entiendo, señor. Pero insisto: ¿qué debo hacer para entrar al Reino de los Cielos?

- ¿Has cumplido estrictamente la ley de Moisés?

- Sí. Escrupulosamente.

- Muy bien. Así que ve y vende todo lo que tienes. Las ganancias de esta venta deben entregarse a los pobres. Una vez hecho esto, sígueme y tendrás tesoro en el cielo.

No me dijo nada más y una cortina de silencio se cerró sobre nosotros. Reflexioné sobre lo que me dijo y no fue difícil saber que no haría lo que me dijo. Salí de la sinagoga y regresé a casa, pero confieso que me molestó lo que oí de aquel hombre.

Pasaron unos días cuando, una mañana, al despertarme y hacer mi higiene, noté unas extrañas manchas rojizas en mi cara.

No le di mucha importancia al hecho, imaginando que me había picado un insecto mientras dormía, pero con el paso de los días aparecieron más manchas y mi cara se hinchó. Pronto también aparecieron ampollas que estallaron, dejando una secreción maloliente. Mi padre, siempre muy fiel a la ley de Moisés, me llevó al Templo para que fuera examinado por el sacerdote.

Me llevó a una habitación donde había una cama alta y allí me acostó y comenzó a examinarme. Una vez terminado el examen, le dijo secamente a mi padre que yo tenía lepra.

Noté que mi padre al escuchar este diagnóstico se puso lívido y sentí como si me hubiera caído un rayo caído del cielo y me diera de lleno en la cara.

El sacerdote dijo que lo mejor que podía hacer mi padre era dejarme en el Templo para un examen más largo, que duraría exactamente siete días.

Mi padre muy triste regresó a nuestra casa dejándome sola en la casa del Señor.

En mi alma, la palabra inmunda resonó con una fuerza increíble.

Esa misma noche, desesperado, eludí la vigilancia de los hombres del Templo y hui sin rumbo, dominado por una confusa sensación de miedo y vergüenza. De una cosa estaba seguro: si era inmundo, era con los inmundos con quien debía vivir.

Entonces, lleno de angustia, después de caminar sin rumbo, me dirigí al Valle de los Leprosos donde creía que era mi lugar. En ese mundo de sufrimiento extremo, me esforcé por olvidar a mi familia, la vida rica que había tenido hasta ese día.

Sin atención terapéutica, la enfermedad progresó y se apoderó de todo mi cuerpo. Lo que más me dolió fue no entender por qué me había pasado esa desgracia. Yo era un buen judío y respetuoso de la ley, me sentía en la situación de Job, considerándome víctima de la arbitrariedad de Dios.

Un día, uno de mis compañeros de sufrimiento me dijo que había oído hablar de un tal Jesús que daba luz a los ciegos, voz a los sordos y hasta vida a los muertos. Si hiciera todo bien, también podría limpiarnos.

Luego supimos que Jesús se dirigía a Jerusalén y que pasaría por la frontera entre Samaria y Galilea. Pensamos que, al ser un lugar desierto y remoto, podríamos acercarnos sin mayores problemas. Luego formamos un grupo de diez hermanos y fuimos allí.

Llegamos muy temprano y nos quedamos en el camino esperándolo. Hacia la hora sexta apareció seguido de sus apóstoles. Salimos adelante.

Josafat, uno de los nuestros, se detuvo a una distancia considerable y le gritó en alta voz: "Señor, ten misericordia de nosotros." Jesús, respondiendo a esta petición, nos dijo: "Yo lo quiero. Sed limpios." Al instante, nuestros estigmas desaparecieron.

Mis nueve compañeros se marcharon felices cantando y bailando, pero a mí me invadió un enorme sentimiento de respeto y agradecimiento hacia el hombre que había hecho tanto por nosotros. Entonces me acerqué a él y le dije:

- Señor, estaré eternamente agradecido por lo que me hiciste.

- No hice nada que mi Padre no quisiera también, gracias a él y no a mí.

- Señor, soy muy rico y puedo pagarle con lo que quiera.

- Sé que eres muy rico y ese es tu mayor problema. Te daré el mismo consejo una vez más: si quieres dar gracias al Padre que está en los cielos, ve, vende todo lo que es tuyo y da el producto de la venta a los pobres y ven conmigo.

- Ahora; sin embargo, debes ir al templo y presentarte al sacerdote para contar lo que te pasó y ser purificado.

Salí de allí pensando en lo que me había pasado. Cómo las cosas de este mundo son efímeras y pasajeras. Yo, que era un hombre rico, me había convertido en un miserable leproso. De repente volví a estar limpio y rico.

Cuando llegué a casa fui muy bien recibido por mi familia y mi padre me devolvió todas mis posesiones. Al día siguiente vendí todo lo que tenía y entregué el dinero al fondo de ahorro para los pobres y las viudas del Templo.

Tres días después me presenté a Jesús y fui aceptado como uno de sus discípulos. Fui testigo de su dolorosa e injusta muerte, pero seguí trabajando en la Casa del camino, dejándome guiar y dirigir por Pedro y Juan, los grandes pilares de la iglesia naciente. Regresé para servir a Jesús en otra encarnación en el segundo siglo de nuestra era. Como corolario de todos mis cambios íntimos, me desencarné bajo las garras de fieras en los circos romanos.

Durante muchos años trabajé en la espiritualidad, continuando aprendiendo cada vez más, esperando siempre mi regreso a mi amado planeta.

Un día, en la Colonia donde trabajaba, nos visitó un espíritu luminoso, proveniente de un mundo lejano.

Curiosamente, dijo que estaba allí para hablar conmigo. No entendía por qué un espíritu con ese nivel de evolución quería hablarme, un espíritu que aun era imperfecto.

En el encuentro con ese hermano, me dijo con cierta tristeza en la voz:

- Hija mía, vine aquí para hablarte de mi hijo Hasterius. Estoy decidido a poner fin a su locura. Ya no puede seguir usando su libre albedrío contra sí mismo. Por eso me imaginé darle una última oportunidad. Y como estás ligada emocionalmente a él, vine a pedir tu ayuda.

- ¿Y cómo puedo ayudar?

- Me imagino que es posible formar aquí una caravana de socorro para ir a la Tierra en un lugar llamado Río de Janeiro.

- ¿Y por qué deberíamos ir allí?

- Porque este lugar tiene una profunda atracción para mi hijo, y él mantiene allí a un grupo de espíritus sufrientes; sin embargo, el más sufriente de todos estos espíritus es él mismo. Me gustaría rescatar a mi hijo.

- ¿Rescatarlo de quién o de qué?

- De sí mismo. Allí tendió una trampa para otros y terminó atrapado en ella él mismo. ¿Te gustaría ayudarme?

- Me gustaría - respondí sin pensar mucho.

Creo que esto explica por qué estoy aquí utilizando su cooperación para ayudar a este espíritu desviado a regresar al camino del amor y la luz.

Hasterio se entera de nuestra acción en la casa que creía que era suya.

En un lugar oscuro, en las regiones más profundas del Umbral, donde fui llevado en sueños por la hermana Letícia, hay un castillo rodeado de arbustos espinosos.

Desde allí desciende un chorro de agua oscura y fangosa. En este castillo, Hasterius vive con una corte de espíritus infelices y sufrientes.

Una tarde, Hasterius recibió, en su castillo, a uno de sus colaboradores que trabajaba en una especie de coordinación con los espíritus que allí habitaban. El espíritu, cuyo nombre era Atila, vino a darle a su señor noticias sobre la casa y sus nuevos habitantes. Muy irritado, Hasterio escuchó la información de Atila y, finalmente, dijo:

- ¿Qué dices, Atila? Fuimos atacados y no pudiste neutralizarlo. Nunca había visto tanta incompetencia.

- No fue un ataque honesto, de la gente, algo que se esperaba, sino una iniciativa cobarde. Todo empezó con un espíritu poderoso que trajo consigo a muchos soldados que rodearon la casa con un halo de luz terrible que nos causa un gran daño.

- Poco a poco sacaron a algunos de nuestros colaboradores de allí y se los llevaron a no sé dónde.

- Atila, ¿me estás diciendo que el grupo que dirigías ya no está? ¿Que el lugar está desprotegido?

- Sí. Ya casi no tenemos colaboradores en esa casa.

- No puedo creer lo que estoy escuchando. ¿Cómo es posible que media docena de espíritus, provenientes de no sé dónde, destruyan las fuerzas que allí se encontraban?

- Lo siento, señor, pero allí no hay espíritus cualquiera.

- Son muy fuertes y llevan armas que neutralizan las nuestras.

- ¡No neutralizan nada! La cuestión es que estoy rodeado de idiotas como tú y tus soldados.

- ¡Señor, lo siento!

- ¡Lo sientes! Sabes lo importante que es esa casa para mí.

- No sé dónde tenía la cabeza cuando te elegí para una misión tan importante. ¡Eres un animal! ¿Está oyendo? ¡Eres un animal! Deja mi presencia.

Mientras Hasterio decía estas palabras, Atila perdió su forma humana y se transformó en algo similar a un lobo o una hiena, y salió por la puerta aun abierta con el rabo entre las piernas. Vencido por la ira, Hasterio habló:

- Como eres un inútil, yo mismo me ocuparé de lo que es mío. ¡Locusta! ¡Locusta! ¡Ven aquí!

Un espíritu repulsivo respondió a este llamado. La apariencia era andrógina, con rostro alargado, ojos verde limo, cabello gris despeinado, cuello delgado, manos largas y esqueléticas que terminaban en garras con uñas puntiagudas.
Su voz era desagradablemente ronca.

- ¿Qué quieres de tu humilde servidor, Maestro?

- Locusta, confío en ti, así que te voy a dar una orden que espero se cumpla.

- No lo dudes, señor. Haré lo que me pidas con cuidado.

- Eso es bueno. Me estoy preparando para ir a la región habitada por los encarnados para comprobar qué pasa con mi tesoro.

- Sin embargo, recibí noticias de allí que me dejaron muy intranquilo.

Antes de ir; sin embargo, quería que fueras allí e hicieras un balance real, con el mayor detalle posible, de lo que está pasando. Puedes hacerlo.

- Naturalmente, señor.

El espíritu maligno continuó hacia la dirección indicada. Mientras tanto, en nuestra habitual reunión en Ernesto Bozzano, la hermana Letícia nos advirtió.

- Mis queridos hermanos. Hasterius está preocupado por nuestro trabajo porque estamos desmantelando el trabajo de sus colaboradores.

- Nos enteramos que envió aquí un espíritu extremadamente grosero y perverso para observarnos. Nuestro guardia espiritual, que siempre está alerta, en cuanto llegue este agente de la oscuridad, lo llevará a nuestra Colonia para tratarlo.

- ¿De verdad vendrá Hasterius, hermana? - Preguntó mi padre.

- Creo que sí.

CAPÍTULO XIV
Finalmente Hasterius se manifiesta

De todas las sesiones a las que asistí, esta fue la más interesante porque esperaba finalmente conocer a un personaje que, después de la narración de la Letícia, se había vuelto central en toda esta historia.

La sesión en la que habló por primera vez Hasterius tuvo lugar un miércoles de enero del 2000. Como siempre ocurría, la sesión fue inaugurada por el presidente del Centro que pronunció una oración y su esposa nos leyó una página de *Fuente Viva*, el libro de Emmanuel. Después de la lectura, la hermana Letícia habló a través de la médium María Augusta:

- "Que la dulce Paz de Jesús nos envuelva ahora y siempre. Hoy tendremos un día muy especial e instructivo, porque, esta noche, estará con nosotros nuestro hermano desencarnado Hasterio. Cuidado que, cuando él esté aquí, no tengamos que ver con él, pequeños sentimientos de hostilidad e incluso simple antipatía.

Él necesita nuestra comprensión y nuestro amor. Créanme: no estarán en contacto con un monstruo, un espíritu maligno, sino con un espíritu sufriente al que debemos ayudar."

No pasó mucho tiempo antes que el médium Paulo Medeiros comenzara a dar señales que un espíritu quería comunicarse a través de él. Y entonces, escuchamos la voz fuerte y autoritaria de Hasterius sonar en la habitación donde estábamos:

- ¿Quién eres tú que invadiste el lugar que me pertenece sin el más mínimo respeto?

- Hermano mío, esa casa no es tuya y la familia que vive allí no la invadió, la compraron legalmente - dijo mi tío con mucha tranquilidad.

- No me gusta esto. No soy tu hermano, no te conozco y nadie puede comprar una propiedad que es mía sin que yo lo sepa - dijo enérgicamente el espíritu.

- Hermano mío, no puedes poseer nada en la Tierra, porque ya no perteneces a este mundo - insistió el adoctrinador.

- ¿Crees que soy idiota? ¿Crees que no sé que no pertenezco a tu mundo? Sé que soy un espíritu fuera de un cuerpo físico, pero eso no me impide considerarme con derecho a ciertas cosas en la Tierra que, en el pasado, fueron mías y siguen siendo mías.

- Está bien amigo; sin embargo, quiero dejarte claro que, hasta que no dejes ir las cosas materiales, no avanzarás en el camino que te llevará a la luz mayor - explicó el tío Abílio.

- Lo que estás diciendo es pura tontería y demuestra que no me conoces de nada. No soy cualquiera. Donde vivo soy poderoso y respetado, tengo un castillo y súbditos fieles que me sirven sin discusión.

- Querido, esto no significa avance moral, sino todo lo contrario. Vives en la espiritualidad, una vida ilusoria, con grandes fantasías de poder. Nada más que eso. La oscuridad nunca puede significar poder.

El espíritu oscuro es frágil por naturaleza - dijo mi tío.

- ¡Está bien! Entonces, quieres que muestre mi poder. ¡Muy bien!

- Si quieres pruebas de quién soy, las tendrás ahora.

Tan pronto como el espíritu terminó de decir estas palabras, la mesa comenzó a temblar y las botellas con agua fluidizada comenzaron a bailar, pero sin derramar el agua. El tío Abílio nos pidió permanecer en oración. Aunque tenía mucho miedo, traté de controlarme. Entonces se desprendió un cuadro que estaba en la pared y flotaba por toda la habitación. Finalmente, fue arrojado contra las paredes con un fuerte ruido. Entonces las ventanas comenzaron a vibrar como si una fuerza misteriosa las empujara desde afuera hacia adentro. En ese momento, la voz clara y enérgica de la hermana Leticia resonó en la habitación.

- ¡Basta de Hasterio! ¡Suficiente!

- ¿Quién se atreve a hablarme así?

- Yo - dijo la hermana Letícia.

- ¿Yo quién? - Preguntó.

- Mírame, estoy a tu lado - respondió la hermana Letícia.

- ¡Eudoxia! ¿Qué haces aquí?

- Estoy aquí para recogerte, querido.

- ¡Mi querida! Pero, ¿qué hipocresía es ésta? ¿Crees que no sé que eres tú quien lidera esta conspiración contra mí? Seguramente fuiste tú quien ordenó el arresto de Locusta, mi mejor sirviente.

Y después de todo este complot contra mí, vienes a llamarme querido.

- Hasterius, se acerca el momento de cambios importantes. Sé que tú, tanto como yo, deseas ardientemente regresar a Capela, pero por tus acciones ni siquiera te quedarás en la Tierra. Tan pronto como se produzca el gran exilio de los espíritus de este mundo que no se doblegaron a la ley de Dios, serán enviados, una vez más, a mundos menos evolucionados y sabes muy bien lo duro que fue nuestra estancia en estos mundos. Hasterio, el Padre espera que des el primer paso hacia él.

- ¿De qué padre estás hablando? No tengo padre y odio las conversaciones sin sentido.

- Por supuesto que tienes un padre, un padre amoroso que está dispuesto a perdonarte por todos tus errores.

- ¡Qué perdón! El justo no perdona. Si es tan justo como dices no debería perdonarme. Si quiere castigarme, debería hacerlo porque perdonar es humillante.

- Te equivocas, Hasterius, perdonar es divino y hay que ser muy fuerte para perdonar y, más aun, para no recibir el perdón como una humillación.

- Déjate de tonterías. No me arrepiento de nada de lo que he hecho en ninguna de mis vidas, por eso no quiero su perdón ni el de nadie más.

- Aunque no quieras el perdón del Padre, él siempre está dispuesto a perdonar a sus hijos, sin importar el crimen que hayan cometido.

- Está bien. Detengamos esto de una vez por todas. Vayamos directamente al tema que me trajo aquí.

- ¿Qué negocio es este, Hasterius?

- La invasión de mi propiedad. Sabes mejor que yo por qué esa casa me pertenece y por qué me interesa.

- Sí lo sé. Y también sé que tu preocupación es totalmente inútil.

- ¡Inútil! ¿Por qué?

- Hasterius, debes saber que tu tesoro ya no existe. Han pasado muchos años y la biblioteca, que allí estaba se convirtió en polvo, ya no existe.
Y es más, si todavía existiera, ¿de qué te serviría?

-Ese es mi problema.

- No, amigo, ese es nuestro problema. Hasterio, no soy indiferente a tu sufrimiento. Verte sufrir me hace sufrir a mí también. Cuántas vidas hemos vivido juntos, cuántas oportunidades hemos perdido y ahora estás perdiendo una más.
No desperdicies esta oportunidad que te da el Padre, no cierres la puerta que te abre la bondad divina.

- ¿Quieres saber algo? Ya estoy cansado de todas las tonterías.

- Me voy. Tengo más cosas que hacer.

- Hasterius, no hagas esto, te lo ruego - dijo emocionada la hermana Leticia.

- Ya te dije que estoy sordo a tus súplicas. Las súplicas son propias de los débiles y no me gustan los débiles.

- No, Hasterius, las súplicas son propias de quienes aman y sufren cuando quienes amamos cometen errores irremediables. Mira, aquí hay alguien que quiere verte.

- Nadie quiere verme, y yo tampoco quiero ver a nadie.

- Hasterius, mira quién acaba de llegar.

- No puedo mirar, hay demasiada luz, sufro de fotofobia.

- Está bien. Así que no la mires. Solo escucha lo que ella tiene que decirte.

- Hasterius, ¡qué alegría verte por aquí! - Dijo la voz clara y gentil del espíritu que acababa de llegar.

- Esa voz... Esa voz... Mamá, ¿eres tú?

- Sí, hijo mío, soy yo y estoy aquí para recogerte.

- Mamá, ¿me abandonaste? - Gritó Hasterio -.

- No, hijo mío, siempre he estado cerca de ti.

- ¿Qué tan cerca de mí si nunca te he visto?

- Tus elecciones, hijo mío, han colocado un profundo abismo entre tú y yo.

- Esto viene sucediendo desde los tiempos de Capela. El mal uso que hiciste de tu libre albedrío provocó que fueras exiliado a la Tierra y así aumentara la distancia entre nosotros. Me sumergí en los valles profundos de las regiones del Umbral, donde vivías, cuando te encontré, pude verte, pero no pudiste verme. Fui a ver a nuestros amigos superiores y les supliqué, pero me dijeron que no podían hacer nada si no cooperabas, y no estabas cooperando.

- Me dijeron que tenía que orar por ti y eso es lo que he hecho hasta ahora.

- Mamá, ya has dicho demasiado, sal de aquí, no me tortures más.

- No sin ti.

- ¡Como no! ¿No ves que me molesta tu luz? Estamos separados para siempre. La luz y la oscuridad no pueden coexistir.

- Mi amado hijo, a los ojos de Dios no existen castigos eternos ni separaciones definitivas. Solo necesitas pedir perdón por tus crímenes y estar dispuesto a volver sobre tus pasos hacia los mundos mayores.

- No, madre mía, soy miserable. Mis crímenes son imperdonables.

- Todos los crímenes pueden ser perdonados; sin embargo, antes de obtener el perdón divino, debes perdonarte a ti mismo. Libérate de las cadenas de la culpa para que, libres, puedas recibir un mayor perdón.

- Mamá, no me hagas falsas promesas. Permíteme continuar mi vida como lo he hecho hasta hoy, esta es la única vida que conozco y, por más dolorosa que sea, es la vida que tengo. ¡Vete! Déjame en esta oscuridad, porque es lo que me sostiene y protege.

- Hijo, estás loco. La oscuridad es la ausencia de luz y por tanto nadie puede protegerte.

Hubo un breve silencio entre Hasterius y su madre. Aprovechando la aparente fragilidad emocional de su hijo, le dijo:

- Hijo mío, lo que te voy a decir no es una amenaza. Los espíritus que perseveran en el mal durante mucho tiempo y que albergan en sí la rebelión contra Dios y el deseo de venganza contra los demás sufren un grave desgaste en el periespíritu, adquiriendo una forma que recuerda a un huevo, por eso se les llama ovoides..

El cuerpo espiritual de estos seres se vuelve similar a pequeñas esferas, cada una un poco más grande que un cráneo humano. Su estado es terrible: algunos se asemejan a amebas que respiran en una especie de pantano; otros yacen, aparentemente, inertes como gelatina podrida. No me gustaría verte así, hijo mío, pero si continúas en tu terquedad de revisar puestos, este será tu destino.

- Eso es lo más contradictorio que he oído jamás - dijo Hasterius.

- Contradictorio, ¿por qué?

- Ahora, sigues hablando de un Dios de amor, un Dios que perdona no sé cuántas veces, y este mismo Dios creó esta tortura para castigar a los espíritus que no están de acuerdo con él.

- No, hijo mío, Dios no creó los ovoides. Convertirse en uno de ellos es una elección de los espíritus. Mira tu caso. De hecho, puedes convertirte en un ovoide, pero no por voluntad divina, sino por tu propia voluntad. Arrepiéntete, pide perdón a Dios por tus muchos errores, disponte a empezar de nuevo y un nuevo camino se abrirá frente a ti. Vamos, hijo mío, decídete.

- No quiero irme de aquí y abandonar mi tesoro.

- Hijo mío, te ofrezco un tesoro mucho mayor, un tesoro que es cierto que los ladrones no roban y el óxido no corroe. Ya seguí adelante y cancelé la magnetización que hiciste en ese ambiente, ahora eres libre. Activaré en ti tus facultades criptostéticas para que veas cómo está tu biblioteca. ¡Mira, hijo mío, mira!

En realidad no sé qué pasó, pero un gran silencio se apoderó de nuestra habitación. Entonces escuchamos la voz llorando de Hasterius.

- ¡No! ¡No es posible! ¿Dónde están mis libros? Mis libros son tan preciosos.

- Hijo mío, el tiempo ha convertido tu tesoro en polvo y barro. Me asombra que un espíritu como tú, que hizo grandes progresos intelectuales, no supiera en qué se había convertido tu tesoro.

- Mira, en esa casa no queda nada que puedas guardar, absolutamente nada.

- Ven conmigo.

- ¿A dónde?

- A la vida verdadera.

- No creo que tenga otra opción.

- Si la tienes. Elige el bien, la luz, el progreso y el amor de Cristo.

- Madre mía, estoy sufriendo mucho. Durante mucho tiempo estuve ciego y tanteé en la oscuridad. Pasé tanto tiempo haciendo el mal y ahora entiendo que fue un suicidio moral. Perdóname madre mía, a Eudoxia y a todos los que he herido.

Estoy cansado de continuar esta lucha ignominiosa, la más desastrosa que un espíritu puede librar, porque cuando cree que gana, en realidad está perdiendo.

- Reza conmigo, hijo mío - dijo Laura con ternura.

- No sé si soy digno. Tengo dudas que escuche las oraciones de este miserable réprobo.

- Sí lo harás. Hasterio, ven a orar conmigo:

"Levanté mi mirada hacia ti, oh Señor, y me sentí fortalecido. ¡Tú eres mi fortaleza, no me abandones! Oh Señor, me siento aplastado por el peso de mis iniquidades.

¡Ayúdame! Tú conoces las debilidades de mi carne; no me quites los ojos de encima.

Estoy siendo devorado por una sed ardiente, haz brotar la fuente de agua viva y aliviaré mi sed para lamentar las aflicciones de mi vida.

Que mi boca solo se abra para alabarte y no para lamentar las aflicciones de mi vida. Yo soy débil, tú eres fuerte, solo tú eres la razón de ser y el objetivo de mi vida. Que tu nombre sea bendito. Si me haces sufrir es porque tú eres el amo y yo soy tu siervo infiel; Inclinaré la cabeza sin quejarme porque solo tú eres grande, solo tú eres la meta a alcanzar."

Después de la oración, hermana Letícia volvió a hablar:

- Te lo agradezco, Dios mío. Gloria te doy, Dios mío, porque un pecador más ha sido salvado. Sostén en tu seno a nuestro hermano Hasterio, dale fuerzas para que pueda caminar por un camino nuevo.

- Hermana Leticia, ¿Hasterius ha sido derrotado? - Preguntó mi tío Abílio.

- No, amigo mío, Hasterius se ha convertido en un vencedor. El vencedor de sí mismo.

- La victoria sobre nosotros mismos es la victoria más grande y significativa que puede tener un espíritu.

- ¿Y qué será de él?

- Ya le hemos preparado un proyecto de recuperación que esperamos que se complete en su totalidad. Este proyecto no le será impuesto, sino aceptado por él.

- Es hora que aprenda a utilizar su libre albedrío para el bien.

Unos tres días después de estos hechos, en una reunión en nuestro centro, hermana Letícia habló a través de tía Hortencia e hizo una especie de despedida:

- Amigos míos, hermanos míos, aprovecho esta oportunidad para agradecerles a todos la colaboración que nos brindaron en la tarea de recuperar a Hasterius. Debo decirles que se me concedió la oportunidad de regresar a mi planeta de origen; sin embargo, me negué, permaneciendo en la Tierra, ayudando a Hasterius con todas mis fuerzas. Debo reencarnar con él una vez más para ayudarlo en una existencia muy difícil que tendrá en expiación.

Quédense con Dios y nos vemos algún día.

Mi padre y mi madre se hicieron espíritas. Seguimos asistiendo al Centro Espírita Ernesto Bozzano donde mi padre, años después, ejerció la presidencia.

En cuanto a nuestra casa, nunca más tuvimos problemas con espíritus sufrientes. Mis dos hermanas y yo también nos convertimos en militantes espíritas y fue por insistencia de ellas y de mis padres que escribí este libro, utilizando las grabaciones y notas que tomé durante las sesiones de desobsesión de Ernesto Bozzano.

Fin

Grandes Éxitos de Zibia Gasparetto

Con más de 20 millones de títulos vendidos, la autora ha contribuido para el fortalecimiento de la literatura espiritualista en el mercado editorial y para la popularización de la espiritualidad. Conozca más éxitos de la escritora.

Romances Dictados por el Espíritu Lucius

La Fuerza de la Vida

La Verdad de cada uno

La vida sabe lo que hace

Ella confió en la vida

Entre el Amor y la Guerra

Esmeralda

Espinas del Tiempo

Lazos Eternos

Nada es por Casualidad

Nadie es de Nadie

El Abogado de Dios

El Mañana a Dios pertenece

El Amor Venció

Encuentro Inesperado

Al borde del destino

El Astuto

El Morro de las Ilusiones

¿Dónde está Teresa?

Por las puertas del Corazón

Cuando la Vida escoge

Cuando llega la Hora

Cuando es necesario volver

Abriéndose para la Vida

Sin miedo de vivir
Solo el amor lo consigue
Todos Somos Inocentes
Todo tiene su precio
Todo valió la pena
Un amor de verdad
Venciendo el pasado

Otros éxitos de Andrés Luiz Ruiz y Lucius

Trilogía El Amor Jamás te Olvida
La Fuerza de la Bondad
Bajo las Manos de la Misericordia
Despidiéndose de la Tierra
Al Final de la Última Hora
Esculpiendo su Destino
Hay Flores sobre las Piedras
Los Peñascos son de Arena

Otros éxitos de Gilvanize Balbino Pereira

Linternas del Tiempo

Los Ángeles de Jade

El Horizonte de las Alondras

Cetros Partidos

Lágrimas del Sol

Salmos de Redención

Libros de Eliana Machado Coelho y Schellida

Corazones sin Destino

El Brillo de la Verdad

El Derecho de Ser Feliz

El Retorno

En el Silencio de las Pasiones

Fuerza para Recomenzar

La Certeza de la Victoria

La Conquista de la Paz

Lecciones que la Vida Ofrece

Más Fuerte que Nunca

Sin Reglas para Amar

Un Diario en el Tiempo

Un Motivo para Vivir

¡Eliana Machado Coelho y Schellida, Romances que cautivan, enseñan, conmueven y pueden cambiar tu vida!

Romances de Arandi Gomes Texeira y el Conde J.W. Rochester

El Condado de Lancaster

El Poder del Amor

El Proceso

La Pulsera de Cleopatra

La Reencarnación de una Reina

Ustedes son dioses

Libros de Marcelo Cezar y Marco Aurelio

El Amor es para los Fuertes

La Última Oportunidad

Nada es como Parece

Para Siempre Conmigo

Solo Dios lo Sabe

Tú haces el Mañana

Un Soplo de Ternura

Libros de Vera Kryzhanovskaia y JW Rochester

La Venganza del Judío

La Monja de los Casamientos

La Hija del Hechicero

La Flor del Pantano

La Ira Divina

La Leyenda del Castillo de Montignoso

La Muerte del Planeta

La Noche de San Bartolomé

La Venganza del Judío

Bienaventurados los pobres de espíritu

Cobra Capela

Dolores

Trilogía del Reino de las Sombras

De los Cielos a la Tierra

Episodios de la Vida de Tiberius

Hechizo Infernal

Herculanum

En la Frontera

Naema, la Bruja

En el Castillo de Escocia (Trilogía 2)

Nueva Era

El Elixir de la larga vida

El Faraón Mernephtah

Los Legisladores

Los Magos

El Terrible Fantasma

El Paraíso sin Adán
Romance de una Reina
Luminarias Checas
Narraciones Ocultas
La Monja de los Casamientos

Libros de Elisa Masselli
Siempre existe una razón
Nada queda sin respuesta
La vida está hecha de decisiones
La Misión de cada uno
Es necesario algo más
El Pasado no importa
El Destino en sus manos
Dios estaba con él
Cuando el pasado no pasa
Apenas comenzando

Libros de Vera Lúcia Marinzeck de Carvalho y Patricia

Violetas en la Ventana
Viviendo en el Mundo de los Espíritus
La Casa del Escritor
El Vuelo de la Gaviota

Vera Lúcia Marinzeck de Carvalho y Antonio Carlos

Amad a los Enemigos
Esclavo Bernardino
la Roca de los Amantes
Rosa, la tercera víctima fatal
Cautivos y Libertos
Deficiente Mental
Aquellos que Aman
Cabocla
El Ateo
El Difícil camino de las drogas
En Misión de Socorro
La Casa del Acantilado
La Gruta de las Orquídeas
La Última Cena
Morí, ¿y ahora?
Las Flores de María
Nuevamente Juntos

Libros de Mônica de Castro y Leonel

A Pesar de Todo

Con el Amor no se Juega

De Frente con la Verdad

De Todo mi Ser

Deseo

El Precio de Ser Diferente

Gemelas

Giselle, La Amante del Inquisidor

Greta

Hasta que la Vida los Separe

Impulsos del Corazón

Jurema de la Selva

La Actriz

La Fuerza del Destino

Recuerdos que el Viento Trae

Secretos del Alma

Sintiendo en la Propia Piel

World Spiritist Institute

www.ingramcontent.com/pod-product-compliance
Lightning Source LLC
LaVergne TN
LVHW041606070526
838199LV00052B/3009